GERENCIA NEUROPLÁSTICA®©™
Cómo lograr el alto desempeño y productividad personal

GERENCIA NEUROPLÁSTICA®©™

Cómo lograr el alto desempeño y productividad personal

JOELY TANGARIFE

CARLOS ARICAPA

SLG INC - USA

Primera publicación y distribución para los Estados Unidos y Latino América

SLG, Inc USA 3589 O. LH Cr Florida

©®™ 2015 Joely Tangarife y Carlos Aricapa

Los derechos morales de los autores han sido confirmados

Todos los derechos reservados de los autores. Ninguna parte de este libro podrá ser reproducida por ningún medio mecánico, fotográfico, o proceso electrónico, o en la forma de grabación fonográfica, ni podrá ser almacenada en ningún sistema de almacenamiento y distribución privada o pública, transmitido o copiada para uso público o privado que no sea diferente al "uso aceptable" como uso de secciones del texto referenciadas en artículos, o revisiones, sin autorización y permiso escrito previo de quien publica esta obra o de sus autores.

La información suministrada en este libro no debe ser tratada como un substituto de consejo médico profesional, siempre consulte un practicante titulado y certificado de la medicina o áreas afines. Cualquier uso de la información suministrada en este libro deberá ser a cuenta y riesgo del lector. Ninguno de los autores, o la editorial serán responsabilizados por pérdidas, reclamos, daños que surjan del uso o mal uso de las sugerencias hechas, la falta de consulta médica o por cualquier otro material de sitios públicos o de internet de tercera mano.

Un récord físico y electrónico de este libro es disponible para revisión y podrá ser solicitado por escrito a SLG Inc.

ISB 978-0-9861580-0-1

Contenido

Cómo Utilizar la Información Contenida en este Libro............ 6

Capítulo 1..8

Gerencia Neuroplástica para alto desempeño y productividad
....8

Capítulo 2..13

Neuroplasticidad en términos simples..................................13

Capítulo 3..21

Actividad cerebral y los estados neuronales de consciencia. 21

Dirección de la concentración y el enfoque cerebral............29

Capítulo 5..33

Habilidad de utilizar la imaginación......................................33

Capítulo 6..45

Ondas cerebrales..45

Capítulo 7..56

Sistema Reticular Activador..56

Gerencia del proyecto de vida, utilizando la Gerencia
Neuroplástica..71

Capítulo 9..96

Nuestro objetivo final..96

Apéndice...102

Lo que sigue en la práctica..102

Sobre Los Autores...105

Bibliografía..107

Cómo Utilizar la Información Contenida en este Libro

Considere este libro el manual de instrucciones de su cerebro. En él encontrará información básica que le ayudará a descifrar las funciones que puede ejecutar gracias al cerebro, la manera en que lo puede programar y cómo corregir los procesos que este ejecuta de manera involuntaria, para lograr obtener resultados altamente productivos.

Este no se considera un libro de motivación, fórmulas mágicas, autosuperación, de mecanismos para hacer dinero, o similar. Este libro es un manual de operación de su cerebro, basado en teorías científicas analizadas y demostradas por cientos de estudiosos, y soportado por instrucciones desarrolladas por los autores quienes poseen la experiencia en aspectos como psicoterapia, trabajo cerebral para modificación de comportamientos, psicología transpersonal, investigación en neurociencia, rehabilitación física, ingeniería de procesos, gerencia y planeación estrategica, dirección de proyectos y gerencia, dirección y manejo corporativo y organizacional.

Lea el libro de principio a fin, siga las instrucciones y disfrute los resultados.

Joely Tangarife

Carlos Aricapa

Capítulo 1

Gerencia Neuroplástica para alto desempeño y productividad

"Arbol que nace torcido, nunca su rama endereza", "perro viejo no aprende trucos nuevos", "no es posible cambiar a quien piensa de determinada manera". Hemos sido educados bajo creencias limitadoras que se han convertido en verdades falsas y en mitos culturales que hacen que nuestro deseo de cambio sea extinguido casi por completo debido a presiones sociales.

Aunque el párrafo anterior parezca demasiado técnico, no es la intención adelantar una cátedra de psicoanálisis o sociología en este libro. Sólo se desea mostrar de manera práctica y simple, cómo nosotros mismos nos hemos encargado de restringir nuestro poder de cambio, a través del fortalecimiento de las creencias limitantes que inculcan la sociedad, la familia, las instituciones, y que nosotros de manera inconsciente divulgamos a compañeros, familiares y amigos.

Se debe ser realistas, acaso se ha preguntado Usted cuál es la verdadera razón de su existencia en este planeta? Esta pregunta ha sido hecha por millones de personas en la historia de la humanidad. Grandes pensadores, filósofos, genios, artistas, líderes, religiosos, Usted y yo. Acaso se ha hallado una respuesta satisfactoria? Tal vez sí, para cada quien, aunque en la realidad no es necesario divagar profundamente sobre este asunto, pues es posible hallar una respuesta parcial con la simple observación de dos aspectos en la vida del hombre: Primero, su evolución histórica desde el hombre de las cavernas (hommo erectus) hasta el hombre moderno (virtual sappiens). Segundo, la evolución del hombre durante su vida desde la fecundación (etapa fetal) hasta su muerte (especialmente en la ancianidad). Basados en dichas observaciones, la respuesta más lógica que la misma naturaleza nos ofrece a este asunto, sin necesidad de invertir horas de pensamiento, divagaciones y discusiones al respecto es simple: Unas de las principales razones de nuestra existencia son: la evolución y la trascendencia.

El ser humano en su condición de especie social, históricamente se ha demostrado a sí mismo ser evolutivo en su escencia. De lo contrario, no existiría la civilización moderna, los avances científicos, las comodidades actuales y el desarrollo tecnológico del que todos disfrutamos y que de una u otra manera participamos en su desarrollo y divulgación. Igualmente, el ser humano en condiciones normales, desde el momento en que nace empieza a trascender (mejorarse a sí mismo de manera contínua) en numerosos aspectos y dependiendo de su edad, dicha trascendencia puede ser: física, motríz, intelectual, mental, espiritual, familiar, social, afectiva, y de muchas otras maneras, dependiendo del ambiente social en el que desarrolle su vida como son: artístico, financiero, profesional, deportivo, entre otros.

Así que bajo esta lección de sabiduría otorgada por la naturaleza misma es preciso preguntarnos de nuevo en lugar de afirmar: puede el arbol que nace torcido, nunca su rama enderezar?, Podría el perro viejo no aprender trucos nuevos?, no es posible cambiar a quien piensa de determinada manera?. Es increíble como con un poco de raciocinio y un signo de interrogación puede cambiar por completo el sentido de una frase, y el rumbo de nuestras vidas.

Como se ha descrito ya, la evolución y la trascendencia son modos de cambio durante un transcurso de tiempo. Este cambio puede darse de manera voluntaria o involuntaria. El ser humano ha desarrollado su entorno social de ambas maneras, gracias a la persistencia y al arduo trabajo de los grandes genios de la humanidad, al igual que todos los demás hemos colaborado a la evolución social (y su repercusión personal en cada uno de nosotros) gracias al uso, estudio, evaluación y propagación de los grandes desarrollos de otros pensadores progresistas que han decidido compartir su trabajo con el resto del mundo.

De otro lado, el individuo involuntariamente inicia su proceso de trascendencia desde el momento de la fecundación, el embrión se convierte en feto, el feto en bebé, el bebé en infante, el infante en adolescente, el adolescente en adulto, el adulto en viejo. Esta contínua evolución física viene acompañada de las diferentes etapas congnoscitivas, emocionales, mentales, intelectuales, morales, sociales, profesionales, y otras más que también son involuntarias y evolutivas.

Nuestro cuerpo evoluciona con el tiempo, y nuestro pensamiento sigue el mismo proceso, de manera voluntaria o involuntaria y en diferentes grados y aspectos dependiendo exclusivamente de nuestro entorno social, de nuestras decisiones en etapas cruciales de la vida y de nuestro deseo de ser felices.

Es precisamente esa búsqueda de la felicidad la que nos hace encontrar mecanismos de progreso, bienestar y balance integral, que son precisamente los objetivos primarios de la Gerencia Neuroplástica.

Capítulo 2

Neuroplasticidad en términos simples

Es interesante detectar que existe un elemento de conexión directa entre nuestra evolución física y mental, dicho elemento es el más complejo que existe en el universo conocido, el más perfecto y el menos utilizado y explorado por la ciencia hasta ahora: Nuestro sistema nervioso y su órganos principales: el cerebro y el sistema reticular articulado.

El sistema nervioso está compuesto por diferentes tipos de células, las más importantes son las neuronas, encargadas de la transmitir los mensajes que los órganos del cuerpo perciben o requieren para realizar las diferentes funciones, vitales o no, de nuestros cuerpos. En otros términos, las neuronas son los transmisores eléctricos de nuestro organismo, la silicona biológica que dá vida al cuerpo ejecutando acciones predeterminadas por nuestro pensamiento, hábitos o reflejos.

Cuando pensamos o ejecutamos una acción, las neuronas comunican dichos pensamientos internamente en nuestra mente, o a nuestros órganos y sentidos a la velocidad de la luz (o más rapido aún, a la velocidad del pensamiento), generando lazos temporales de comunicación cerebral en forma de corrientes químico-eléctricas que se movilizan a través de las células cerebrales (neuronas) similando un rayo en medio de una tormenta atmosférica. Cada vez que ejecutamos la misma acción o pensamiento, dichos lazos temporales se convierten en conexiones físicas permanentes, que facilitan la ejecución de la función o realización del pensamiento con mayor eficacia al interconectar todas las áreas cerebrales necesarias para activar los órganos que se requieran para realizar las funciones o pensamientos cada vez con menor esfuerzo. De esta manera, nuestro cerebro cambia FÍSICAMENTE para adaptarse al nuevo modelo repetitivo, similar a lo que sucede a los deportistas de alto rendimiento cuando durante **períodos de entrenamiento disciplinado** fortalecen sus músculos al realizar un ejercício físico similar de manera cotidiana.

El cerebro humano, al ser un órgano físico, logra fortalecerse con el esfuerzo y ejercício rutinario disciplinado, y dicho fortalecimiento se refleja en las funciones mentales e intelectuales, por tanto, SÍ ES POSIBLE CAMBIAR NUESTRO PENSAMIENTO A TRAVÉS DE LA RUTINA DEL EJERCICIO CEREBRAL RUTINARIO DISCIPLINADO Y DIRIGIDO.

Nuestro cerebro tiene la habilidad de cambiar, crecer y reconfigurarse físicamente de manera constante y contínua durante el transcurso de nuestras vidas. La manera más fácil de demostrarlo es por medio del proceso de trascendencia del pensamiento de una persona, el cual consite en los mecanismos de aprendizaje en la infancia, durante la adolescencia y en la adultez. Cada una de esas etapas demuestra una evolución del pensamiento, habilidades físicas y cognoscitivas que facilitan la vida e interacción del individuo con su sociedad o ambiente en el que se desenvuelva. A pesar de no ir a una escuela, podemos aprender a hablar el idioma con que nos comunicamos, un deporte o una profesión, simplemente utilizando como mecanismo de aprendizaje la repetición de un comportamiento o una serie de actividades, confirmadas por teorías como la técnica de aprendizaje por modelación social de Albert Bandura, analizada por muchos psicólogos modernos.

De esta manera, el cerebro se convierte en el órgano vital del cambio, pues es capaz de adaptarse de manera continua a cualquier estímulo e información externas y ayudar a que nuestro cuerpo y nuestro pensamiento igualmente se adapten a circunstancias continuamente cambiantes. Así, el término NEUROPLASTICIDAD se refiere a esta capacidad de moldeado cerebral y no al término derivado de la industria petroquímica.

Existen por lo tanto tres tipos de neuroplasticidad: La primera existe cuando nacemos y empezamos nuestra evolución a infancia y posteriormente a niñez. En esta etapa de trascendencia física y mental, el cerebro crece y desarrolla conexiones cerebrales a gran velocidad debido a que está expuesto a una sobrecarga de información proveniente de los órganos de los sentidos. Confirmado por Sigmund Freud, El período comprendido entre la infancia y la niñez se encuentra caracterizado por la reacción del individuo a los estímulos sensoriales más que a los impulsos mentales, pues es aquí cuando se crean las conexiones cerebrales que son la base del pensamiento del individuo. Este primer tipo de neuroplasticidad podemos denominarlo neuroplasticidad temprana y es en su mayoría involuntario y condicionado por el nivel de estimulación temprana y entorno social en que se encuentre el bebé, infante o niño, al igual que su condición de salud física y mental.

El segundo tipo de neuroplasticidad sucede durante el trasncurso de la vida, más especialmente a partir de los siete años de edad de la persona, y es debido a que el cerebro cambia con la edad reflejando las reacciones y resultados de la exposición a diferentes experiencias y eventos en la vida del individuo. Este tipo de neuroplasticidad tiene múltiples factores que actúan de manera continua y simultánea pudiendo ser voluntaria, involuntaria, selectiva, progresiva, reactiva, consciente y subsconsciente. La mayoría de los individuos (hasta ahora, y partiendo del hecho de que este libro ayude a cambiar su actitud frente a dicho aspecto de su vida) se limitan a neuroplasticidad involuntaria, selectiva, reactiva y subconsciente, limitando su actividad y crecimiento cerebral al resultado de las acciones que la vida traiga, sin planear ninguna acción de camibo cerebral voluntaria. Similar al caso de una persona que como trabajo deba cargar objetos pesados en un proyecto de construcción, y que debido a dicha actividad física semi-voluntaria ha desarrollado una musculatura similar a la de alguien que ha ido al gimnasio de manera voluntaria y continua para obtener el mismo resultado. Dicha neuroplasticidad puede ser benéfica o no, y en la mayoría de las ocasiones lo que logra es generar pensamientos y creencias limitadoras en el individio. Se puede denominar esta neuroplasticidad como **neuroplasticidad vital desprogramada** y es el área de la neuroplasticidad que vamos a atender directamente y modificar a través del proceso de REPROGRAMACIÓN NEUROPLÁSTICA que ofrece la teoría de la Gerencia Neuroplástica.

El tercer tipo de neuroplasticidad, es el que presenta el cerebro durante el proceso de recuperación que sobreviene a una lesión física. Sin esta característica, el cerebro permanecería estático, congelado en un determinado momento en el tiempo. De esta manera, el cerebro puede repararse a sí mismo en algunos aspectos. Cuando un área cerebral sufre daños, en algunas instancias dichas actividades cerebrales relacionadas a esa región pueden transladarse a otra área del cerebro, permitiendo a la persona recurperar su funcionalidad integral. En casos en que el daño es crítico, la neuroplasticidad puede mitigarlos. Este tipo de neuroplasticidad es crucial para personas que han sufrido lesiones cerebrales y podemos denominarla neuroplasticidad clínica conteniendo componentes voluntarios e involuntarios indistintamente.

En resumen, el cerebro recibe, procesa, y almacena información para reprogramarse, reconstruirse y fortalecerse de manera contínua durante todas nuestras vidas, permitiendo a la persona hacer todo: desde aprender a hablar hasta refinar sus movimientos para tocar un instrumento musical de manera magistral. Cada vez que el cerebro encuentra información (nueva o repetida) se reprograma para acomodarla a las necesidades del individuo y a su interacción con el ambiente que lo rodea, creando lazos temporales o conductos permanentes con dicha información para que pueda ser accesada de forma rápida en cualquier manera que sea requerida. Todos tenemos necesidad continua de poder almacenar e interpretar nueva información, por tanto la neuroplasticidad cerebral es una función crítica a cualquier edad de nuestras vidas.

Lo que se pretende con el modelo de reprogramación neuroplástica es utilizar esta y otras capacidades que tal vez se desconoce poseer las personas, para crear conductos de comunicación cerebral de manera voluntaria y a diferentes niveles de consciencia que fortalezcan múltiples aspectos vitales en áreas cruciales, y lograr de esta manera, un alto rendimiento y productividad en el desarrollo personal integral, utilizando cada día más capacidad cerebral gracias a las técnicas que ofrece la Gerencia Neuroplástica.

Capítulo 3

Actividad cerebral y los estados neuronales de consciencia

Ya hablamos de cómo el cerebro trabaja, se desarrolla, evoluciona y fortacece en cada instante de nuestras vidas. La actividad cerebral es continua y constante, cada segundo que pasa, este órgano está realizando una función determinada. Desafortunadamente, tiene sus limitaciones, y sólo puede desarrollar una actividad voluntaria a la vez. La multitarea consciente no es una capacidad que el cerebro pueda realizar, al menos no a nivel cognitivo. El cerebro puede controlar múltiples funciones, pero cuando es requerida nuestra concentración, el cerebro sólamente puede enfocarse en una actividad al tiempo. De esta manera, cuando se intenta estudiar con el televisor encendido en la misma habitación, por ejemplo, nuestro cerebro se conecta y desconecta en cuestión de millonésimas de segundo a cada una de las dos actividades: estudio y televisión, no dando su 100% de atención a ninguna de ellas, esforzandose el doble y produciendo menos del 25% de los resultados desados, representando esta una muy baja productividad en la práctica.

Aparentemente es el cerebro el órgano principal que controla todos los aspectos de la vida del hombre, pero es el sistema nervioso el que realmente lo hace. Este se divide en dos grandes sistemas. El sistema cerebro-espinal y el sistema simpático-parasimpático. El sistema cerebro espinal consiste de los órganos contenidos dentro de la cavidad craneal y el canal espinal; más específicamente el cerebro, la médula espinal y los nervios que se difurcan de esta. Este sistema controla las funciones sensitivas y congnoscitivas. El sistema simpático-parasimpático incluye la parte del sistema nervioso localizada principalmente en la caja toráxica, abdominal y la cavidad pélvica, y se distribuye hacia todos los órganos internos, teniendo control sobre los procesos involuntarios del cuerpo como el crecimiento, nutrición, reflejos, entre muchos otros.

El sistema cerebro-espinal atiende la visión, oído, gusto, olfato, sensaciones y pensamiento, poniendo todo en funcionamiento y acción. Es utilizado por el Ego (parte del ser que define la individualidad de las personas y su interacción con su entorno) para pensar, es decir, para manifestar consciencia. Este es el instrumento por medio del cual el Ego se comunica con el mundo exterior. En una analogía se puede decir que el cerebro es la oficina central de comunicaciones, con el canal espinal y los nervios como cables principales y secundarios de comunicación.

El sistema nervioso, y en especial el cerebro, desarrolla múltiples funciones a diferentes niveles. Todas estas funciones se realizan en diferentes estados de consciencia, es decir en diferentes estados del Ego. Puesto en perspectiva simple, nuestro cerebro trabaja en cualquier situación en que el pensamiento se encuentre con relación a su entorno, definiéndose así las siguientes diferentes manifestaciones de consciencia:

Mente Consciente, mente Inconsciente, mente Subconsciente y mente Superconsciente.

Es interesante saber que en cada estado de consciencia en que el Ego se halle, existen diferentes niveles de actividad cerebral, y en dicha actividad el cerebro recolecta, procesa, almacena y utiliza información. Es decir, el cerebro se reprograma continuamente en dichos estados de consciencia. Es por ello que es de vital importancia no sólamente conocer esta información, sino estar consciente de su funcionalidad y tomar provecho a través de diferentes técnicas para trabajar neuroplasticidad en cada uno de dichos estados y reprogramar nuestra actividad cerebral a nuestra conveniencia, por decisión e iniciativas propias y con enfoque específico en lo que deseemos trabajar y mejorar, logrando así un alto rendimiento y productividad en nuestro desarrollo personal.

Realmente la idea de diferentes niveles de la mente no es nueva, aunque anteriormente se comentaba de sólo tres: el consciente, el subconsciente y el inconsciente. Modernamente y a partir del desarrollo de las áreas de la psicología transpersonal y positivista, se ha involucrado un nivel adicional denominado el estado superconsciente. Signumd Freud fué probablemente uno de los primeros estudiosos en sacar a la luz pública el concepto de tres niveles, otros estudiosos del área de la psicología moderna lo han desarrollado tal como lo conocemos ahora, en el cual se separa la mente en cuatro diferentes secciones: la mente consciente o Ego, la mente preconsciente o subconsciente, la mente inconsciente y la mente superconsciente.

Podemos realizar muchas analogías para ilustrar el concepto de los cuatro niveles mentales, una de las más simples es visualizar la mente como un iceberg. La parte superior del iceberg que se encuentra sobre la superficie del agua corresponde a la mente consciente, representando aproximandamente un 10% de la capacidad cerebral mental.

Por debajo del consciente, se halla la mente preconsciente o mente subconsciente, con un porcentaje mucho mayor de capacidades cerebrales mentales estimada en un 50%.

La base del iceberg que es el área inferior separados físicamente del consciente por el subconsciente, es lo que se denomina la mente inconsciente, y corresponde a un 30% de nuestra capacidad mental cerebral. Es un área basta y profunda, básicamente inaccesible a la mente consciente, muy similar en el ejemplo del iceberg, sumergida en la profundidad del océano.

Finalmente, tenemos el último nivel operacional de la mente, el cual se denomina el superconsciente, y es precisamente el océano que rodea a todas las otras y en el que existe y flota el iceberg, representando un 10% de nuestra capacidad mental cerebral.

La manera en que las cuatro áreas interactúan puede asociarse a un barco (nuestro cuerpo), el el cual existe un capitán (la mente consciente) quien lo dirige y dá ordenes, pero en realidad son los mandos medios (o mente subconsciente) quienes ejecutan y transmiten dichas ordenes, y una cuadrilla de marineros quienes realmente guían y hacen trabajar el barco gracias a todo el entrenamiento que han logrado en el transcurso de muchos años (el cerebro y el sistema nervioso cenral).

La mente consciente es la que la mayoría de las personas asocian a quien realmente son, pues es el estado en donde en gran parte vivimos el día a día, aunque no es el estado en donde toda la acción sucede.

La mente consciente y subconsciente se comunican con el mundo exterior e interior a través del lenguaje, fotografías, escritura, movimientos físicos, olfato, gusto, tacto, etc... La principal característica de la mente subconsciente y lo que la diferencia de las otras tres es su capacidad de atención constante, aunque ésto no quiere decir necesariamente que la mente consciente no se encuentre alerta. Podemos ser influenciados por nuestro ambiente, incluso cuando nuestra mente consciente no está alerta, un ejemplo clásico es cuando no prestamos atención durante un viaje y de igual manera llegamos al destino sin tener recuerdo del trayecto. Es en esos momentos en los que el subconsciente se encuentra atento desempeñando las funciones necesarias para ayudarnos a sobrevivir la falta de atención del consciente. Igualmente, cuando somos bebés, la mente consciente no se ha desarrollado aún para recibir, procesar, almacenar y utilizar la información que percibimos a través de los sentidos, por tanto la mente consciente se neutraliza y son el subconsciente y el inconsciente los que trabajan recibiendo, procesando y razonando, identificando el biberón o el seno materno como un recurso alimenticio. Es en esta edad en la que estas dos mentes trabajan fuertemente formando los patrones lógicos de asociación como hábitos, creencias y emociones que nos ayudan a sobrevivir.

Las dos funciones más poderosas que posee la mente consciente y que no existen en la mente subconsciente y/o inconsciente son:

1. La habilidad para dirigir la concentración y enfoque cerebral.
2. La habilidad de imaginar y diferenciar todo aquello que no es real.

Capítulo 4

Dirección de la concentración y el enfoque cerebral

A pesar de que la mente subconsciente posea una capacidad más alta de atención en relación a lo que le rodea estando siempre en estado de alerta, incluso durante el sueño; sólamente puede actuar obedeciendo órdenes de la mente consciente. Así, si la persona simplemente se está enfocando en pensamientos conscientes continuamente de aspectos negativos, o se rodea de elementos oscuros o contraproducentes, su subconsciente los hará sentir, le traerá las emociones y la forzará a recordar lo que se halle en su inconsciente que se asocie con ese tipo de pensamientos. Debido a que esas sensaciones se convertirán en la realidad de la persona, es posible que termine atrapada eternamente en un ambiente de negatividad, miedo, ansiedad en la cual se observan constatemente los aspectos negativos de cada situación.

Igualmente, si de manera continua y consciente la perona se habla a sí misma y dirige toda su concentración y enfoque a pensamientos racionales y calmados, o se influencia por aspectos exteriores positivos y gratificantes, entonces todo pensamiento negativo tendrá la tendencia a reducirse o desaparecer, reflejándose en progreso integral.

Para algunos es fácil y natural el dirigir los pensamientos de manera voluntaria y consciente hacia resultados más positivos en la vida y en cualquier situación. Aunque realmente la facilidad con que éstos resultados se logren depende exclusivamente del tipo de programación que el subconsciente y el inconsciente de la persona haya tenido desde su nacimiento o haya modificado voluntaria o involuntariamente de forma radical durante el transcurso de su vida. Así, identificar los mecanismos a que los pensamientos tienen tendencia es la mejor manera de empezar a realizar cambios voluntarios en la vida. Es aquí donde la programación de la gerencia neuroplástica entra a desempeñar un papel vital en el cambio de la vida de quien la practica.

Esta habilidad de la mente consciente de dirigir la atención es uno de los poderes más grandes que el ser humano posee. Para lograr cualquier tipo de cambio en la vida, es necesario antes que nada aprender a controlar en lo que conscientemente se puede concentrar y enfocar, luego programar el cerebro para realizar dichas acciones de manera automática y subconsciente.

Es fácil hablar o escribir al respecto, y la mayoría de los autores están de acuerdo en estas afirmaciones. La manera en la que realmente se logra el cambio es desarrollando la habilidad de dirigir la concentración y el enfoque tomando decisiones y aferrándose a ellas. Al decidir cómo pensar y qué tipos de pensamientos permitir en la mente, se determina el destino. Este proceso puede literalmente utilizarse para bien o para mal, para realizar actividades constructivas o destructivas.

Los pensamientos son realmente el único y verdadero estado de libertad sobre el cual una persona posee control absoluto. Un hombre puede estar en prisión, bajo cualquier tipo de condiciones adversas y mantener su libertad en pensamientos. Sólo la persona misma puede elegir cómo responder a sus experiencias en la vida y cómo cambiar el rumbo de ellas.

Capítulo 5

Habilidad de utilizar la imaginación

Otra habilidad importante de la mente humana consciente es el uso de la visualización. La mente puede a través de esta habilidad imaginar algo que es totalmente nuevo y único, algo que nunca se ha experimentado físicamente antes. Contrariamente el subconsciente y el inconsciente pueden sólamente ofrecer versiones de memorias que están almacenadas por experiencias pasadas.

Lo más interesante de esta habilidad es que el subconsciente no tiene capacidad de distinguir entre lo que el consciente imagina y lo que es real. Así, cualquier pensamiento traído por la imaginación consciente y voluntariamente enfocada, puede integrar con ella todas las emociones y sentimientos asociados con la imagen en su mente para que sea experimentada vívidamente.

Por ejemplo, si alguien ha deseado y soñado antes con obtener un gran logro personal, es posible que esta persona haya sentido la alegría y la emoción que esos pensamientos traen a su mente, incluso, a pesar de que sabe que intelectualmente hablando, el evento no está sucediendo de manera física en ese momento. Pero la mente subconsciente cree que realmente sí está sucediendo, y es por esa razón que ofrece los sentimientos y emociones asociados con esos pensamientos.

La visualización dirigida profesionalmente puede ser utilizada entonces como una herramienta para cear resultados soprendentes, sólo dirigiendo los pensamientos hacia un resultado determinado y visualizando vívidamente el proceso y llegada al mismo, es posible lograr que se sientan las emociones y sentimientos asociados a dicho resultado, ayudando al consciente a desarrollar actividades que en la readidad colaboren a llevar a la persona a cambiar comportamientos para lograr el resultado que ha imaginado.

La mente subconsciente se encarga de la memoria reciente y de corto plazo, y está en continuo contacto con los recursos de la mente inconsciente. Es el medio de comunicación entre el inconsceinte y el consciente, provee por tanto, sentido a todas las interacciones con el mundo, filtrándolas a manera de creencias y hábitos. Dicha comunicación se establece a través de sensaciones, emociones, imaginación, sentimientos y sueños.

Adicional a la memoria temporal, la mente subconsciente también ayuda en el funcionamiento integral diario, asegurando que la persona tenga todo lo que necesita como recuerdos, comportamientos, hábitos, estados de ánimo, creencias, valores y sensaciones obtenidas y reconocidas a través de los sentidos, para que sean recordadas rápidamente y accesadas cuando sea necesario. En caso de que el subconsciente no pueda filtrar la información que recibe el cerebro, esta lleva entonces una línea directa al inconcente solicitando el uso de cualquier programa en el que mejor se asocie con la información recibida para así entenderla apropiadamente.

El subcosciente está continuamente trabajando, manteniéndose al tanto y atento de todo lo que sucede alrededor de la persona, recibiendo millones de datos por segundo, información que el consciente nunca sería capaz de procesar. En cambio, el subconsciente filtra toda la información innecesaria y sólo procesa la que es necesitada al momento en que se requiera, todo ésto es ejecutado simultáneamente con actividades cotidianas y conscientes sin interrumpirlas, y de la manera más logica posible basado en la programación existente y almacenada en el inconsciente.

El subconsciente comunica todos los resultados de sus interacciones con la información percibida al consciente a través de emociones, sentimientos, sensaciones, reflejos, imágenes y sueños, **NUNCA se comunica con palabras**.

La principal característica del subconsciente y de la cual podemos tomar ventaja para generar cambios en nuestro pensmiento y reprogramación cerebral es que él **obedece exclusivamente a órdenes lógicas**.

Es errado pensar que el subconsciente está a cargo de nuestro pensamiento y que estamos a su merced y dominio. Al contrario, la situación es completamente la opuesta. La mente consciente dá ordenes y muestra una dirección a seguir al subconsciente, y este refleja las emociones y sentimientos de lo que continuamente se esté pensando de manera consciente. Esta es la razón por la cual los trabajos de modificación subconsciente de comportamiento a nivel clínico son procesos de alta dirección y efectividad, pues ayudan a accesar y dar órdenes al subconsciente desde el estado consciente del paciente (trance).

Con lo anterior no se afirma que ejecutar un cambio en comportamiento, o una reprogramación mental es tan fácil como cambiar el pensamiento en un instante y la vida cambiará automáticamente. En la mayoría de los casos, nuestra programación mental posee tanta energía unida al comportamiento y estado cerebral que un cambio instantáneo es simplemente imposible. Las buenas noticias, es que sí puede realizarse, gracias a un cambio radical en la vida de la persona generado por un suceso que altere su programación debido a gran gratificación o dolor causado por dicho evento; y que está fuertemente asociado al comportamiento grabado en la mente inconsciente. Este cambio se puede lograr gracias a un trauma involuntario o inducido, gracias a un proceso de reflexión y gracias a la voluntad de cambio de la persona, unido a psicoterapias, entrenamientos y ejercicios mentales controlados de reprogramación dirigida, como los que ofrece el programa de reprogramación neuroplástica dentro de la gerencia neuroplástica.

La mente inconsciente almacena todos los recuerdos y experiencias pasadas, los cuales pueden haber sido suprimidos por ser eventos de carácter y efectos extraordinarios en nuestras vidas como logros o traumas, y que simplemente han sido olvidados de manera consciente como medida de autoprotección para no afectarnos de forma contínua. Es precisamente a través de estas experiencias y recuerdos que se forman los hábitos, comportamientos, creencias y personalidades individuales.

En la mente inconsciente se encuentran los pensamientos y recuerdos que están fuera del alcance de la mente consciente. (Es debido entonces prestar atención de no confundir el término inconsciente a nivel mental, con el mismo término utilizado en el lenguaje médico, el cual significa estar desmayado o anestesiado).

Como se mencionó anteriormente, el inconsciente es aquel lugar en donde todas los recuerdos se han almacenado u ocultado; y los cuales, por razones de autoprotección o desuso periódico, no se quiere o puede recordar. No es necesriamente un trauma o un evento serio, y puede ser algo sin importancia y distante en el tiempo pasado.

Una particularidad de la información almacenada en el inconsciente es que no se puede recordar por elección o deseo propios. La información está allí, pero no se puede recordar sin importar qué tan intensamente se intente. Existen métodos controlados para traer dichos recuerdos (como la regresión subconsciente mental dirigida) y solucionar o cambiar comportamientos o situaciones presentes basados en dichos recuerdos (a través de trabajo cerebral clínico dirigido). También estos recuerdos pueden extraerse de manera incontrolada debido a un evento en particular (un olor, sabor, o sonido determinado, un recuerdo, un lugar o una situación familiar, por ejemplo).

Entonces, la diferencia entre el trabajo del subconsciente y el del inconsciente es que no se puede por elección propia recordar la información en el inconsciente, al contrario, se puede recordar por deseo propio y con poco esfuerzo cualquier información almacenada en el subconsciente.

En general, el inconsciente trabaja las mismas tareas del subconsciente: recuerdos, hábitos, sentimientos, emociones y comportamientos. La diferencia entre ambos es que el inconsciente es la fuente de todos éstos programas y el subconsciente simplemente los usa. En el inconsciente se encuentran almacenadas entonces todos los recuerdos y experiencias desde el nacimiento, y a partir de estos recuerdos las creencias, hábitos y memorias se forman y refuerzan (o reprograman a través de neuroplasticidad cerebral) en el transcuro del tiempo y durante toda la vida de manera continua y permamente.

El objetivo entonces, es ahora realizar reprogramación cerebral (o sea cambios en comportamientos para corregir actitudes, pensamientos y acciones que no permiten a la persona desempeñarse en condiciones máximas de eficiencia, a nivel básico inconsciente) a través del uso apropiado de las actividades conscientes y subconscientes, a niveles mental y físicos (neuro-somáticas) para lograr la mayor productividad posible en el área o las áreas en que desee enfocarse.

Una idea inicial del procedimiento mental para lograrlo es manteniendo el control contínuo de los pensamientos a través de la dirección de la concentración y enfoque mental utilizando mecanismos de visualización, influenciando de esta manera los programas que la mente subconsciente utiliza constantemente. Al realizar este ejercicio de manera contínua y con suficiente energía emocional, el proceso de reprogramación en el inconsciente se inicia y se ejecutan los cambios asociados a lo que se desea cambiar en la representación interna y el sistema de creencias propias.

Suena más complicado de lo que es, pero al desarrollar el estilo simple, ordenado y disciplinado de vida propuesto por la reprogramación neuroplástica se logra que se realice el cambio en el nivel más profundo posible del inconsciente.

La mente superconsciente es simplemente la mente universal. Esta posee dos aspectos. El primer aspecto indica que existe una infinita fuerza común o inteligencia global que gobierna al universo en su totalidad (llámese naturaleza, energía, fuente de vida, Dios, etc...). El segundo aspecto es la consciencia colectiva de todos y todo lo que existe en todos los niveles de realidad (universo visible, cuántico y relativista), en simples términos la mente superconsciente es la totalidad de todas las mentes que existen. En el ejemplo del iceberg, el superconsciente es el mar, el cual rodea el iceberg. De igual manera, en el ejemplo de un computador, el superconsciente es el internet, en el cual se puede intercambiar indistintamente información con todos los otros computadores conectados a dicha red.

El superconsciente es un nivel mental que posee vida propia, y que evoluciona y cambia de manera constante y continua gracias a nuestra propia interación con nuestros otros niveles mentales. Al nosotros reprogramar continuamente neuroplásticamente nuestro cerebro, estamos exteriorizando todos los cambios y resultados en nuestros comportamientos e intercambiando información con todos y todo a nuestro alrededor, afectando de esta manera la mente superconsciente a nuestro alrededor para bien o para mal. Estas modificaciones se reflejan de muchas maneras y se observan como cambios ambientales, sociales, financieros, de mercadeo, tecnológicos, políticos, familiares, educativos, deportivos, y en muchos otros aspectos sociales y colectivos.

Realizando una analogía referente al funcionamiento de los nieveles mentales del cerebro, es posible compararla con un computador moderno. El consciente es el monitor, la impresora, el teclado, el scáner y el ratón, osea todos los periféricos que hacen que el computador interactúe con nosotros otorgando o recibiendo información. De igual manera, la mente consciente recibe información a través de estímulos ambientales y los resultados son interpretados de manera instantánea en el consciente.

El subconsciente es la memoria RAM o memoria temporal del computador. La memoria RAM de un computador es donde los programas e información que se encuentran en uso son almacenados de manera temporal para ser rápida y fácilmente accesados por el procesador del computador. El subconsciente hace lo mismo, todo recuerdo reciente se almacena allí para ser utilizado rápidamente cuando se requiera, igual almacena pensamientos recurrentes, comportamientos constantes, hábitos y sentimientos.

El inconsciente es similar al disco duro del computador. Es el almacenamiento de largo plazo para todos los recuerdos y programas que se han instalado en el cerebro desde el momento del nacimiento.

El inconsciente y el subconsciente utilizan todos éstos programas para entender toda la información recibida del ambiente que rodea a la persona y mantenerla segura y sobreviviendo a cualquier circunstancia externa. La lógica con la que funcionan estas dos mentes consiste en demostrar que todo lo que funcionó en el pasado para ayudar a la persona a sobrevivir, funcionará de igual manera en cualquier otra situación similar, sin importar que tan doloroso o errados los resultados puedan ser para su personalidad.

La Gerencia Neuroplástica reorganiza los estados de consciencia y la información disponible en cada uno de ellos, para tener rápido y fácil acceso de manera automática a las herramientas necesitadas cuando sean requeridas y que tengan relación directa o indirecta con las metas definidas, los objetivos y/o cambios deseados de manera voluntaria por la persona.

Capítulo 6

Ondas cerebrales

Hasta el momento ya se ha explicado el proceso de desarrollo cerebral del pensamiento, su reprogramación a través de la neuroplasticidad y su funcionamiento mental gracias a los diferentes niveles de consciencia. Físicamente hablando, el cerebro está compuesto de billones de células cerebrales denominadas neuronas, las cuales utilizan electricidad para comunicarse entre ellas gracias a las conexiones o uniones químico-eléctricas entre las mismas denominadas sinapsis. Las comunicaciones de millones de neuronas enviando señales químico-eléctricas simultáneamente, producen una enorme cantidad de actividad eléctrica en el cerebro, la cual puede detectarse y comprobarse utilizando equipos médicos sensitivos, los cuales miden niveles de electricidad en las cercanías del cráneo. Esta combinación de actividad cerebral es comúnmente denominada "patrón de ondas cerebrales", debido a la particularidad que tienen los impulsos eléctricos de difundirse en segmentos u "ondas" con diferentes características como amplitud, frecuencia y duración y que se presentan de manera cíclica en múltiples áreas del cerebro. El cerebro regula todas las actividades cerebrales y en especial las mentales (niveles de consciencia) a través de ondas eléctricas que se registran en él mismo, emitiendo pequeños impulsos electro-químicos de frecuencias variadas las cuales pueden registrarse con un electroencefalograma. Estas Ondas cerebrales se conocen como:

Ondas Beta: Emitidas cuando la persona está consciente en estado alerta, agitada, tensa y/o temerosa. Es el tipo de frecuencia predominante en el estado despierto, siendo el estado en el que la mayoría de las personas se encuentran durante el día y cuando están despiertas. La falta de suficiente actividad Beta puede producir desródenes emocionales o mentales como depresión, desórdenes de déficit de atención o insomnia. Dichas frecuencias tienen un rango de 12 a 38 pulsos por segundo en la escala Hertz.

Ondas Alfa: Se emiten en el cerebro en un estado alerta combinado con relajación mental (puede denominarse de acceso consciente-subconsciente). En dicho estado la persona está en relajación, aunque se entera de lo que sucede a su alrededor, igualmente el cerebro no está procesando mucha información, pero sí almacenando todo lo que percibe a través de los órganos de los sentidos. Los momentos naturales en los que se entra en este estado es cuando se despierta en la mañana o cuando se está empezando a quedar dormido en la noche. Al cerrar los ojos por un tiempo extendido, el cerebro automáticamente inicia a producir ondas Alfa, cuando se mueve o fija los ojos en algunas posiciones determinadas, la emisión de dichas ondas se intensifica radicalmente. Entrar en estado alfa es normalmente el objetivo de meditadores experimentados, y con un poco de dirección apropiada es extremadamente fácil. Más adelante en el libro se indicará cómo sacar provecho de este nivel de consciencia y alerta cerebral, pues el estado Alfa, es un estado mental altamente receptivo, absorvente de información por medio del cual la visualización y sugerencia dirigrida necesarias para la reprogramación neuroplástica se hacen accesibles y fáciles de ejecutar. La frecuencia de las ondas Alfa es de 8 a 12 pulsos por segundo.

Ondas Teta: Producidas en un estado de completa somnolencia o relajación profunda. (subconsciente con mínimo consciente) con frecuencia de 3 a 8 pulsos por segundo. El estado Teta se utiliza principalmente para reprogramación profesional dirigida en procesos de tratamientos de redirección de conducta o fijación de tácticas cerebrales dirigidas especializadas, realizadas por profesionales de alto desempeño a través de trabajos cerebrales de modificación de comportamientos a nivel clínico profesional y avanzado.

Ondas Delta: Emitidas por el cerebro en estado de inconsciencia, catalepsia o somnolencia profunda, en el cual no hay sueños. Son las bandas más lentas de las ondas cerebrales. Cuando las ondas cerebrales dominantes son las Delta, el cuerpo tiene la tendencia a autocurarse y reiniciar los relojes biológicos internos. En este estado el cerebro permanece emitiendo ondas de 0.2 a 3 ciclos por segundo.

En relación al superconsciente, todos los tipos de ondas cerebrales interactúan a dicho nivel, debido a que es el nivel mental cerebral de interacción continua con la energía de quien y lo que nos rodea.

En general, la mayoría de las personas utilizan de manera involuntaria el nivel Beta de ritmo de ondas cerebrales en estado consciente. En el momento en que nos condicionamos a aprender algo, recibir nueva información, memorizar hechos o datos, ejecutar una tarea compleja, aprender un idioma nuevo o analizar situaciones complejas, nuestro cerebro reduce el ciclo de ondas que emite pasando de Beta a Alfa de manera automática, generando así nuevas sinapsis neuronales que permitan la plasticidad cerebral para que se ejecute la nueva función. Existen actividades voluntarias que promueven este cambio de emisión de ondas cerebrales como son: meditación, ejercicios de relajación o psicoterapia de trabajo cerebral dirigida.

Algunos de los beneficios del cambio de estado de onda cerebral son por ejemplo que al entrar el cerebro en estado Alfa, este incrementa los niveles de emisión de endorfina beta, noroepinefrina y dopamina, compuestos ligados a sensaciones de elevada claridad mental y formación de recuerdos. Es importante anotar que los efectos generados por la emisión alta de dichas hormonas en el cerebro pueden permanecer por horas o incluso días. El estado Alfa es el estado ideal para el pensamiento, la creatividad, la generación de imágenes, la visualización, el origen de asociaciones, la interpretación de dibujos, diagramas y emociones, el uso del buen sentido del humor, el placer y la asimilación de funciones de aprendizaje, las cuales son funciones desarrolladas y características del hemisferio derecho cerebral.

Debido a todo lo anterior, es importante desarrollar técnicas de acceso voluntario al estado Alfa para acelerar trabajos de reprogramación neuroplástica y control de nuestros estados de consciencia y así lograr funcionar mentalmente en alto rendimiento y alta productividad personal de manera permanente.

Existen mecanismos para estimular las ondas cerebrales y neuro-programar los estados de consciencia a nuestra conveniencia, permitiéndonos desarrollar tareas o funciones mentales y físicas de manera altamente eficiente en los momentos en que nosotros deseemos tomar el control absoluto de nuestra mente, y no al contrario.

Para neuro-programar las ondas cerebrales, se puede proceder de las siguientes tres maneras:

1. A través de sonidos que imiten vibracionalmente los diferentes tipos de ondas cerebrales.
2. Por medio de exposición a determinados tipos de luces que estimulen la oxigenación y flujo sanguíneo craneal.
3. A través de técnicas de reprogramación apoyadas en movimientos oculares y relajación física y mental unida a procesos de visualización y sugestión hacia objetivos específicos.

No es de mucha preocupación lo que suceda con las ondas Beta, pues es el estado natural cerebral despierto. De igual manera, las ondas Teta y Delta se desarrollan con procedimientos especializados y dirigidos por profesionales calificados en el área de manejo y dirección del subconsciente como los profesionales en psicoterapia, trabajo cerebral dirigido, psicología positivista, psicología transpersonal y los investigadores de las funciones cerebrales. Las ondas Alfa son las ondas cerebrales que proveen beneficios inmediatos si se logran manipular a voluntad, bajo dirección mínima y con un buen entrenamiento y práctica. El cerebro puede desarrollar ondas Alfa en cualquier momento del día y bajo cualquier actividad, siempre y cuando se esté consciente, preparado y deseando hacerlo con un objetivo claro y específico.

Al escuchar sonidos emitidos en frecuencia Alfa, las ondas cerebrales se "relajan" entrado en resonancia "acustica" con dichos sonidos, permitiendo el cambio inmediato del cerebro a emisión de ondas Alfa. Debido a que el cerebro "vibra" en Alfa es posible inmediatamente de manera subconsciente-consciente y voluntaria, alterar las actividades cerebrales para enfocarlas única y exclusivamente a los objetivos que se han visualizado. De esta manera se activa el pensamiento subconsciente para que el cerebro desarrolle la actividad específica programada de manera automática, los sentidos y en especial el Sistema Reticular Articulado (sobre el cual hablaremos en un capítulo más adelante) se agudizen y atiendan al entorno para tomar provecho de todos los agentes externos que proveerán algún beneficio o atraerán herramientas para lograr el perfecto desempeño que causará los resultados deseados. De esta manera, se puede programar el cerebro para que al ejecutar una acción determinada o pensar en un elemento específico, se active este complejo modelo de pensamiento de manera inconsciente, automática y repetitiva, generando un proceso de neuroplasticidad programado subconsciente, el cual día a día se automatiza, reforzando los canales cerebrales con los recursos necesarios para operar la actividad programada de manera eficiente y en forma experta, de manera continua, con el menor esfuerzo físico y mental, optimizando el acceso, uso y aplicación de herramientas mentales y físicas a nuestro favor.

Otra manera eficaz de lograr el mismo efecto es exponiendo el cráneo a ondas de color, especialmente el infrarrojo. Los rayos infrarrojos (LED o Láser de baja potencia) estimulan la circulación sanguínea a nivel craneal y dicha estimulación activa el cerebro para entrar en estado de ondas Alfa.

Como es complicado en cualquier momento del día tener luz infraroja o sonidos vibrando en ondas Alfa a la mano, existen mecanismos que son posibles de desarrollar con el cuerpo y que en cuestión de minutos (inicialmente) y segundos (luego de práctica continuada y frecuente) ayudarán a la persona a entrar en nivel de función cerebral Alfa para atender cualquier necesidad, reforzar una acción, canalizar un pensamiento, atraer ideas, opciones, recuerdos, o simplemente agudizar los sentidos y el pensamiento para lograr acercarla exitosamente a un plan visualizado o realizar un desempeño de manera cada vez más perfecta.

Uno de los mecanismos más simples de entrar en estado de ondas cerebrales Alfa es a través del ejercicio de relajación inmediata y movimiento ocular con pensamiento dirigido, similar al movimiento ocular en la etapa de transición al sueño profundo en las noches. Es posible emular dicho proceso sin necesidad de dormir, de la siguiente manera: La persona se sienta cómodamente, respira lentamente tres a cinco veces llenando sus pulmones completamente, y desocupándolos lentamente, relajándose profundamente. Una vez relajada mirando al frente, cerrar los ojos y voltearlos (cerrados) como si estuviése observando algo ubicado hacia su derecha y hacia arriba. Permanecer respirando relajada, con los ojos cerrados y en dicha posición ocular, contar descendentemente de 20 a 0. Una vez llegue a 0, estará en función Alfa, pudiéndo conscientemente visualizar de manera vívida y emocional cualquier pensamiento por unos minutos sin cambiar de posición física u ocular, y luego contar de 1 a 5 para regresar a su normalidad consciente.

Capítulo 7

Sistema Reticular Activador

La formación reticular desde el punto de vista morfológico está constituída por una red neuronal que se encuentra presente en gran parte del sistema nervioso central: médula espinal, tronco encefálico y diencéfalo. Las neuronas de la formación reticular se proyectan en múltiples direcciones conectando todas las áreas del cerebro, cerebelo, tálamo, hipotálamo y la médula espinal. En general la formación reticular recibe una continua información sensitiva tanto de los nervios craneanos como de la médula espinal, luego la información se propaga ampliamente a diferentes áreas del sistema nervioso conectando así todos los nervios con el cerebro y especialmente los relacionados con los órganos de los sentidos. Es debido a ello que también recibe el nombre de sistema modulatorio de control extratalámico (SMCE). El sistema reticular activatorio (SRA) cumple funciones vitales en el cuerpo humano como son controlar la memoria de corto plazo, el sueño, caminar, o actividades subconscientes como parpadear, pulsaciones del corazón, respiración, movimientos estomacales, reloj biológico, actividades sexuales, entre otras.

El SRA se compone de dos porciones. El ascendente que está conectado con la corteza cerebral, el tálamo a la par con el hipotálamo y el descendiente que está conectado con todos los nervios del cuerpo humano. Dos aspectos de suprema importancia que delimitan el SRA son la debilidad que este proporciona a la persona con el objetivo de generar descanso durante las horas del sueño físico, debido a que durante este momento, la actividad del SRA es reducida al mínimo, propiciando relajación y activando las actividades de sueños inconscientes.

Accidentes, drogas y químicos pueden destruir el SRA condenando a la persona al estado de coma, debido a que este sirve de conexión entre el cerebro superior y el inferior.

En la práctica, el SRA percibe todo lo que sucede alrededor de la persona, lo analiza, organiza y almacena de manera inconsciente (no subconsciente) en el cerebro. Existen múltiples actividades e información que en la rutina diaria se debe considerar de manera inconsciente y que no es registrada de manera voluntaira por el cerebro, toda esta actividad es procesada de manera automática por el SRA para beneficio del individuo y basado en sus intereses personales subconscientes (no inconscientes).

La importancia del SRA en el proceso de almacenamiento de información es radical, pues todo lo que le sucede a alguien y sus consecuencias positivas o negativas son procesadas e informadas de los resultados buenos o malos al cerebro y niveles de consciencia a través del SRA y su mecanismo de funcionamiento programado.

La mayor ventaja del SRA es el potencial de su utilización voluntaria a través de la programación consciente y autoprogramación subconsciente para realizar actividades en que la persona quiera enfocarse y concentrarse y ejecutar así funciones "automáticas" obteniendo resultados altamente efectivos con un mínimo esfuerzo aparente. Al concentrarse en dichas actividades y enfocar el SRA en ellas, el cerebro encuentra que todos sus recursos cerebrales y su conversión o aplicación en medios físicos reales gracias a los órganos de los sentidos, están a su alcance en cualquier momento en que la persona lo desee.

Adicional a lo anterior, el SRA incluso continúa activado durante períodos de sueño, inconsciencia y subconsciencia, conviertiéndose en una herramienta mental de trabajo continuo que puede perdurar por horas meses o años dependiendo del nivel de interés, concentración, entrenamiento y plasticidad que se desee otorgarle. Este aspecto, convierte al SRA en la mayor herramienta de neuroplasticidad y progreso humano existente, si se une al cerebro con una programación consciente-subconsciente dirigida y controlada profesionalmente.

Debido al poder de almacenamiento, procesamiento y acceso de información inconsciente que otorga, **el SRA puede hacer que un gran problema parezca simple, y que un pequeño logro parezca un gran éxito**. Si el individuo se enfoca en algo que le parece fascinante o importante, entonces cualquier pequeño logro relacionado a ese aspecto será visualizado por su SRA como un éxito gigante. Igualmente sucede cuando se enfrenta a un gran problema en un área donde realmente no posee ninguna concentración o no hay interés, entonces dicho problema es una insignificancia.

El SRA es el gran motor que hace realmente focalizar los pensamientos y energías en aspectos negativos o positivos de la vida de las personas. Debido a que el nivel de perfeccionamiento moral del ser humano es aún muy bajo, su pensamiento es imperfecto, con tendencia siempre a la negatividad, o a lo que requiera el menor esfuerzo para ejecutar. El enfoque constante en aspectos y pensamientos negativos o simplistas, termina entonces generando resultados e impactos negativos y simplistas en las vidas de las personas, debido a que el SRA está continua y permanentemente enfocado en dichos aspectos de manera inconscientemente programada, pues dicha programación es hecha de forma involuntaria por la persona misma al vivir experiencias mentales sin entrenamiento, basándo los resultados exclusivamente en sensaciones de satisfacción o dolor, generados por la secreción de neurotransmisores en las conexiones de las células cerebrales. La base real del pensamiento positivo no es la voluntad de programar el ser consciente en aspectos positivos exclusivamente, sino en programar el SRA en metas concisas y aspectos realistas optimistas para lograrlas, y por consiguiente los sentidos registran todos los elementos necesarios que se ajusten a dicha programación, haciendo que automáticamente el cerebro accese de manera continua elementos de apoyo a los deseos programados, generando resultados afines a dicha programación. Este modelo se convierte en un verdadero proceso de pensamiento y realizaciones positivas-complejas o negativas-simplistas y resultados igualmente positivos-complejos o negativos-simplistas mostrados de manera grandiosa, debido a que cada acción que el ser humano realiza de manera consciente, subconsciente, inconsciente o superconscente, es controlada por algún área del cerebro y almacenada, procesada y accesada por el SRA y el cerebro. Debido a que el SRA está conformado por fibras de conexiones neuronales, cada actividad que se desarrolle equivale a un impulso eléctrico a diferentes áreas del cuerpo y del cerebro para realizarla. Si estas actividades se realizan de manera continua y permanente, dichas redes de impulsos eléctricos se transforman en fibras de conexiones neuronales permanentes que facilitan la acción realizándola de manera cada vez más automatizada, dando paso a un proceso de neuroplasticidad. Si se canalizan estas acciones y se programa el cerebro en diferentes niveles de consciencia haciéndolo vibrar en diferentes frecuencias para lograr actividades enfocadas en metas visualizadas conscientes-subconscientes, positivas-complejas se logra generar un mecanismo dirigido voluntario de alta productividad neuroplástica. El proceso de automatización y perfeccionamiento a éstos altos niveles de productividad es lo que se denomina gerencia neuroplástica.

La función más importante del SRA es la transición del estado de sueño a despierto y viceversa. La actividad de ondas eléctricas neuronales es diferente en cada estado, por tanto el SRA interviene en el cambio psicológico que envuelve dicha transición entre los diferentes estados de consciencia. De igual manera el SRA está involucrado en el cambio de estado de relajación a actividad y a un alto período de atención, o de silencio a estímulo por sonidos de diferentes volúmenes previniendo que los sentidos se sobrecarguen. El nivel de actividad del SRA es bajo en estados de sueño profundo, sin embargo en períodos cortos del sueño cuando existe el denominado movimiento rápido ocular (al pasar de despiertos a dormidos y viceversa), el nivel de actividad del SRA es similar al estado consciente, es por ello que en estado Alfa (de cambio de consciencia), el cerebro es más propenso a aceptar, programar y grabar visualizaciónes subconscientes-conscientes, positivas-complejas voluntarias, y este es el momento óptimo para re-programar tanto el SRA como el cerebro hacia las actividades o metas que sean deseadas (estado real de pensamiento constructivo y programación neuroplástica).

El SRA ayuda entonces a activar los programas que intervienen en los procesos de obtención del éxito, pues ayuda a accesar los elementos mentales y ubicar los recursos materiales necesarios para lograr las metas programadas, dirigiendo la concentración hacia dichos objetivos específicos. El SRA logra actuar como un filtro removiéndo todos los elementos innecesarios para el cerebro que no tengan relevancia con el objetivo planteado, y simultáneamente importa toda la información con un patrón similar a los que ya se encuentren adecuadamente implantados en el cerebro. Comparando con algunas teorías populares modernas, es factible considerar esta característica como la **verdadera ley de la atracción** que se ejecuta en el cerebro de manera lógica y científica, y no mágicamente o por simple deseo y modificación volunatia de pensamientos, debidas a motivaciones temporales sin bases sólidas que le den permanencia y continuidad a los procesos de cambio programados. Contrario a como se ha intentado convencer y transmitir la ley de la atracción moderna, **los pensamientos dirigidos no atraen realizaciones, lo que realmente sucede es que al programar el cerebro y el SRA, SOMOS ATRAÍDOS - A TRAVÉS DEL CEREBRO Y EL SISTEMA NERVIOSO CENTRAL - POR LOS ELEMENTOS QUE NOS AYUDARÁN A REALIZAR Y LOGRAR LOS OBJETIVOS VOLUNTARIAMENTE PLANEADOS.** Como ya se describió anteriormente, la ley de atracción como tal sí existe y está biológica y psicológicamente demostrada a través de la reprogramación neuroplástica, sólo que el mecanismo de operación es inverso al que se ha pretendido establecer hasta ahora, no atraemos nada, somos atraidos por lo que deseamos y programamos en nuestro cerebro.

El SRA puede ser reprogramado para que "busque" un fin específico siguiendo un proceso estandarizado, profesional y dirigido de reprogramación neuroplástica, para ello se describe a continuación de manera breve un ejemplo básico de terapia de modificación de comportamiento clínico:

1. Determinar un objetivo general de cambio en comportamiento muy claramente definido.
2. Determinar metas concisas pequeñas, realistas y de materialización a corto plazo definidas al máximo detalle y con perfecta claridad relacionadas a dicho cambio, incluyendo los beneficios logrados por dicho cambio y el esfuerzo requerido de su parte para logralo.
3. Unir el pensamiento de dichas metas a un sentimiento intenso específico para cada uno (alegría, agradecimiento, dicha, risa, placer, satisfacción, o cualquier otro que le identifique) unir esa sensación emocional tan intensa como sea imaginablemente posible y hacerla real. Como se aprendió, el subconsciente **sólamente responde a imágenes y sentimientos**, no a palabras.
4. Utilizar el mecanismo de cambio de emisión de ondas cerebrales y llevar el cerebro a emisión de ondas en estado Alfa, en el cual se puede visualizar el objetivo general de manera persistente

y continua, varias veces al día, desde el momento en que se decidió hacer el cambio hasta que se logre el objetivo. El proceso de visualización debe involucrar su imagen, todos los aspectos físicos posbiles, todos los aspectos morales posibles y todos los aspectos emocionales posibles.
5. Igualmente realizar el paso 4 con cada meta progresiva a corto plazo que ayude a acercarse a la meta mayor establecida.
6. Ejercitar actividades de vigilacia y acción mental, en las cuales se evalúen y corrijan de manera continua y periódica los siguientes aspectos:
   a. Evaluar los asuntos personales: en especial aspectos o pensamientos negativos, simplistas, restrictivos, retractivos, u obstaculizadores al cambio deseado y programado, visualizándolos como eliminados y programándolos en el SRA como elementos inexistentes del pensamiento y conducta personales. Recordar que el SRA se enfoca ("atrae") en lo que subconcientemente se le programe, no

simplemente en lo que se piense esporádicamente.

b. Revisar las metas a largo plazo: verificando contínuamente que se esté siendo persistente y congruente con el objetivo primordial. Cambiar, eliminar o adicionar metas afines o complementarias como sea necesario

c. Reforzar o modificar las metas a corto tiempo: determinando específicamente el tiempo que requiere para lograrlas. Si en dicho tiempo no se han logrado dichas metas o se nota que el pensamiento no aclara ideas, abrir procesos, encontrar soluciones que ayuden a culminarlas satisfactoriamente, debe reevaluarse o seccionarse en metas aún mas accesibles, y realistas, de lo contrario crearán sentimientos de frustración y pensamientos de negatividad y pesimismo, obteniendo el resultado opuesto al deseado, pues el SRA estará inconcientemente reprogramándose para el fracaso. Refinar, cambiar, o adicionar las metas a corto plazo y de acuerdo a la meta general a largo plazo, basados en las necesidades, tendencias y modificaciones actuales, no en las pasadas. Recordar que tanto usted, su mundo, su pensamiento, su cerebro y su SRA están físicamente modificándose a través de un proceso de neuroplasticidad programada de manera subconsciente. La neuroplasticidad es un proceso lento, que requiere multiplicidad en el entrenamiento para generar las nuevas conexiones neuronales, y tiempo adicional para convertirlas en rutas permanentes de acción involuntaria. Es un proceso que requiere paciencia, en el cual se necesita el soporte de sus familiares, amigos y/o profesionales certificados en gerencia neuroplástica.

7. Una vez se logre una meta hacia el cambio programado, sin importar si es pequeña o grande, comparar la

emoción asociada mentalmente a la que se está experimentando, tomar nota y duplícarla para metas futuras o cambios en la reprogramación. Igualmente agradecer de manera sincera por el logro realizado, felicitarse por la perseverancia y compartir el éxito, los resultados del éxito y el proceso que lo llevo al éxito con todos los que más pueda, practicando siempre la humildad y la fraternidad. Celebrar el éxito de manera modesta.

La particularidad del SRA es el poder de enfoque hacia los aspectos realmente importantes evadiendo los elementos inútiles hacia el objetivo programado. El sitema de reprogramación neuroplástica se basa en dicha función real del cerebro y sistema nervioso central, en el cual gracias a una visualización detallada, unida a un sentimiento intenso relacionado con dicha visualización, ejecuta cambios físicos en las células cerebrales, haciendo que los órganos de los sentidos se alineen con el pensamiento y emociones, logrando que la actividad mental en todos los estados de consciencia se focalicen en lo que de manera natural se hace. La única diferencia ahora, es que lo que se hace, sea consciente o inconscientemente está ligado a las metas decididas por la persona y no a lo que otros, la sociedad, el destino, o la falta de planeación dicten, llevándola a la verdadera felicidad, al verdadero éxito realista evolutivo, a un estado de progreso contínuo de paso en paso, no ilusorio y frustrantemente mágico como comúnmente se divulga en muchos de los libros de superación personal, leyes universales, o pensamientos positivos los cuales pueden tener buenas intenciones aunque no poseen el respaldo científico real y práctico de los procesos biologicos, mentales y fisicos que se presenta en esta obra. En otras palabras, llegar a la máxima productividad humana. Como dice un adagio popular: "la buena voluntad trae beneficios, pero no logra cambios si está basada en la ignorancia, o no tiene fundamentos cientificos".

Capítulo 8

Gerencia del proyecto de vida, utilizando la Gerencia Neuroplástica

Siempre se ha escuchado hablar del trabajo en equipo, de la eficiencia administrativa, del liderazgo empresarial, de la administración efectiva de proyectos, de la gerencia integral, del Kaizen, del Six Sigma y muchos otros movimientos organizacionales aplicables a las grandes corporaciones del mundo para garantizar resultados efectivos.

Si de manera corporativa se logran resultados convenientes, es posible imaginar qué se lograría obtener aplicando dichas herramientas administrativas a nivel empresarial y personal. Es de esta idea que surge lo que hemos denominado Gerencia del Projecto Personal (GPP) basados en la Gerencia Neuroplástica.

Básicamente la GPP es la asimilación de los principios básicos de la teoría universalmente aceptada de gerencia y administración de proyectos llevándola a nivel individual, personalizándola a las necesidades, habilidades, recursos y objetivos de cada quien, utilizándo herramientas que pueden ser desarrolladas por nosotros mísmos o modeladas de individuos exitosos, ajustadas a nuestras características específicas, y finalmente creando indicadores personales de evaluación de logro y mejoramiento continuo, como elemento de productividad básico, que al unirlo con la teoría de la gerencia neuroplástica se convierte en un modelo de alto desempeño productivo.

Como toda industria, nuestro proyecto de vida debe iniciarse con una idea, la cual convertiremos en un proyecto. En este aspecto es preciso ser muy claros al diferenciar una idea a un sueño. Todas las personas tienen sueños, los cuales pueden definirse como aspectos no logrados de la vida a los cuales se les liga emociones y que símplemente se limitan a la imaginación o el pensamiento esporádico pasajero y no se entabla ninguna acción concreta dirigida a su realización. En términos simples, la palabra sueño, está asociada con el verbo soñar, y ambos a su vez, son asociados y ligados inconsciente y subconscientemente por el cerebro y el SRA al proceso mediante el cual el cuerpo pasa de estado de consciencia a inconsciencia para dormir, generando inactividad física y descanso. Debido a ello, es que se envía al cerebro el mensaje de que los "objetivos soñados" queden pasivos y tiendan a no realizarse, pues se asociaron a un proceso de pasividad física, relajación y descanso.. El SRA es tan eficiente, que simplemente convierte todos los pensamientos en visiones imaginarias y desecha cualquier herramienta o recurso que encuentre, y de esa manera ayuda a convertirlos en realidad. La función del SRA es precisamente esa, obviar lo trivial, y enfocarse en lo que es realmente importante para el individuo. Así, cuando se catalogan los pensamientos como sueños, se están relevando a elementos sin importancia radical en la vida, pertinentes a la persona únicamente en el momento de dormir y no en la actividad diaria, y se limitan a pensamientos distractivos o de esparcimiento mental.

Todo lo contrario sucede cuando se convierten esos pensamientos en objetivos. La palabra objetivo puede asociarse con el lugar que se quiere alcanzar directa o indirectamente a través de una acción o movimiento, los objetivos involucran entonces un mecanismo de aproximación, sea por el uso de un instrumento (como un arco y una flecha, por ejemplo) o gracias a nosotros mismos, al aproximarnos a dicho lugar, momento o estado futuro de la vida. El SRA relaciona entonces un pensamiento convertido en objetivo con una **ACCIÓN** de aproximación, y por ello activa todos los órganos de los sentidos para detectar herramientas y mecanismos alrededor de la persona que contribuyan a ejecutar acciones que la lleven al objetivo pensado.

Otra palabra clave en este modelo es la palabra **proyectar**. Proyectar puede asociarse a dos interpretaciones diferentes. La primera, es la de reflejar sobre una superficie una imagen, entonces se puede afirmar que proyectar es reflejar las imágenes de los objetivos en el cerebro. **Este proceso de proyección en la teoría de modelación subconsciente del comportamiento, y en la psicología transpersonal se denomina visualización**. Como ya se ha visto, la visualización es el aspecto primordial del desarrollo y la reprogramación neuroplástica. De igual manera cuando se tienen diferentes recursos, se almacenan, utilizan y desarrollan acciones dirigidas hacia el alcance de un objetivo previamente establecido, se está planeando hacer una tarea con un fin específico. Este proceso de planeación y ejecución se asocia también a la palabra proyectar. Entonces es posible afirmar que **un proyecto es una idea convertida en objetivo, y programada para ser desarrollada**, definición completamente alejada de la de palabra "sueño" y su representación mental asociada a nuestro deseo lejano de que algo nos suceda, en la mayoría de las veces sin iniciativa propia y de manera casi mágica.

Por tanto, **la diferencia entre sueños y objetivos es la acción**. Es bonito tener sueños, fortalecen la imaginación y activan la creatividad pero es vital filtrar los sueños y convertirlos en objetivos realizables a través de acciones ejecutables en forma de proyectos, que nos ayuden a desarrollar las herramientas tecnológico-biológica más avanzadas que poseemos: El cerebro y el SRA.

Igual que se ha descrito anteriormente, la teoría es fácil de exponer, y la práctica hace la teoría factible y realizable. El objetivo es poder en realidad transformar una persona de soñador pasivo a proyectista práctico activo. A continuación se describen los princípios básicos para lograrlo, en una nueva teoría que denominamos la Gerencia del Proyecto Personal basada en Gerencia Neuroplástica.

Para ejemplificar de mejor manera este proceso, se cambiará la modalidad a un lenguaje menos formal, intentando acercarnos más al lector, mostrando cómo la gerencia del proyecto personal se divide en diferentes etapas:

1. Etapa de diágnostico e identificación de elementos a trabajar utilizando la autocrítica consciente.
2. Etapa de aceptación y análisis de factibilidades.
3. Etapa de definición de metas.
4. Etapa de realismo crítico.
5. Etapa de redefinición de metas mayores.
6. Etapa de selección de prioridades.
7. Etapa de definición de logros fácilmente alcanzables y que alimenten la motivación y la acción de manera contínua y permanente (o metas menores).
8. Etapa creativa de visualización.
9. Etapa de reprogramación de metas mayores.
10. Etapa de programación de logros.
11. Etapa de asignación de recursos y ejecución.
12. Etapa de verificación y seguimiento.

13. Etapa de corrección.
14. Etapa de ejecución activa.
15. Etapa de identificación de logros.
16. Etapa de agradecimiento y celebración.
17. Etapa de recirculación del proceso a través de logro, cambio, mejoramiento y divulgación.

La primera etapa de diagnóstico e identificación de elementos a trabajar utilizando la autocrítica, consiste simplemente en realizar un análisis honesto y consciente de quién realmente somos, de quién realmente queremos ser, y de cuáles son los principios y valores que conducen nuestra vida. Es un proceso ciento por ciento reflexivo en el cual debemos conscientemente identificar nuestras fortalezas y debilidades, nuestras virtudes y defectos para utilizarlos como instrumento de definición de nuestro futuro, y base para nuestro cambio de actitud frente al concepto que tenemos de nosotros mismos. Aquí, determinamos realmente quiénes somos, quiénes queremos ser, qué esperamos de nosotros mismos en nuestras vidas, qué queremos lograr, qué estamos dispuestos a sacrificar para lograrlo, cómo queremos lograrlo, qué valores morales poseemos y qué no deseamos hacer con nuestro destino.

La segunda etapa es la aceptación y análisis de factibilidad. Una vez nos respondimos los cuestinamientos de la etapa primera, debemos aceptarlos con humildad y convencernos a nosotros mismos de que esa es nuestra realidad, debemos dejar de mentirnos. Recordemos que el primer paso para lograr cambiar el SRA de pensamiento negativo-simplista a positivo-complejo es aceptar nuestras imperfecciones que nos llevan al negativismo. Sólamente estando atentos de nuestras imperfecciones y aceptándolas logramos cambiar el rumbo de nuestra vida de negativo a positivo. Como análisis de factibilidad consideremos un estudio realista de deseo de cambio. Se considera respecto a cambiar, por que si queremos un futuro diferente al que actualmente nos espera, es necesario cambiar aspectos actuales de nuestra vida para llegar a ello. Recordemos una frase atribuída a muchos autores, entre ellos Albert Einstein: "locura es hacer la misma actividad una y otra vez esperando resultados diferentes". Si no hay cambio en el procedimiento no hay cambio en los resultados, si noy hay cambio en los sentimientos no hay cambio en el procedimiento, si no hay cambio en el pensamiento no hay cambio en las acciones.

Para lograr resultados diferentes es necesario aceptar entonces un cambio en pensamiento, sentimiento y procedimiento simultáneo y constante, pues la conjunción de pensamiento, sentimiento y acción es la base de nuestras actividades diarias y de lo que somos como seres humanos, pues define nuestra personalidad y pensamiento.

La tercera etapa es la definición de metas. Antes que nada, como meta se puede definir el proceso de decidir lo que se desea alcanzar y determinar un plan para lograr el resultado deseado. Para definir una meta se debe estimar un proceso de dos etapas, la primera, es necesario ir más allá de simplemente decidir lo que se desea, quiere, propone, planea, espera, proyecta y se está determinado a hacer. La segunda es entender y asumir los sacrificios y esfuerzos necesarios para lograr lo que se desea, es decir, trabajar (realizar las acciones necesarias) para lograr la meta que se ha fijado. Para la gran mayoría de las personas, es la segunda parte de la definición de la meta la que se convierte en un problema. Todos sabemos qué queremos, pero no deseamos hacer el sacrificio, el esfuerzo o realizar el trabajo de crear un plan y ejecutarlo para llegar al objetivo deseado. Una meta sin un plan de acción es simplemente un sueño, e igualmente la falta de planeación es simplemente una aventura.

La mejor manera de determinar la factibilidad de una meta es asegurándonos de que cumpla con las siguientes características:

1. Que sea **Específica.**
2. Que se pueda dividir en múltiples **Tareas** cortas, de menor alcance, relevantes y que lideren a un acercamiento a la meta mayor.
3. Que puedan **Medirse** sus resultados.
4. Que sea **Alcanzable.**
5. Que tenga alguna **Relevancia** propia y social.
6. Que tenga un límite de **Tiempo** para cumplirse.
7. Que sea auto **Motivable.**
8. Que tenga un único **Responsable.**

Como se ha visto, fijar una meta no es suficiente, pero sí es la base primordial del éxito. Se debe tener por ende diferentes clases de metas, para diferentes aspectos de la vida, debido a que siempre el objetivo primario debe ser el progreso en todos los aspectos posbiles. Es imposible ser felices si no se está en balance, así que es importante definir metas que cubran todas las áreas posibles de nuestra existencia. Metas aisladas generan más insatisfaccion que éxito, pues el desbalance es un elemento negativo que inclina al SRA a un estado similar, enfocándose sólo a un aspecto único de la vida de la persona y desechando los demás. Un ejemplo típico es el éxito económico, que generalmente viene de la mano del vacío o desastre emocional o familiar.

La etapa de realismo crítico simplemente se enfoca en analizar las metas supuestas a consciencia, determinando si cumplen a su cabalidad con los elementos para que sean realizables. Este análisis es personal, nadie diferente a la persona misma en proceso de cambio puede determinar si sus metas son realizables o no... NO PODEMOS MENTIRNOS MÁS!

Una vez se analicen las metas mayores en los principales aspectos de la vida, y se determinen que son realistas, es momento de dejarlas por escrito y crear un archivo que se pueda constantemente alcanzar, para repasar, revisar, modificar, cancelar, cambiar, ratificar dichas metas, o simplemente hacer su seguimiento de manera progresiva y contínua. Esta etapa se denomina la de **redefinición de**

metas mayores, y debe hacerse de manera constante como parte del seguimineto del alcance de las metas.

En la **etapa de priodidades**, es preciso definir cuáles son las metas que se requieren con mayor intensidad. Contrario a lo que se cree, las metas materiales son las de última prioridad y no es falso el afirmar que en el 100% de las circunstancias, la obtención de dinero es la última o incluso no es una prioridad, ni una definición de una meta personal mayor. La consecución de bienes materiales, o riqueza netamente económica es la consecuencia del alcance de una meta primaria, pues de la misma manera que el dinero y los bienes materiales son solamente un instrumento de intercambio comercial pasajero entre las personas y no un bien permanente perecedero, las metas son el instrumento que llevan al éxito. Una de las recompensas de ese éxito es el bienestar económico. Una manera objetiva de observar esta situación, es cuando se desea intensamente poseer mucho dinero. La riqueza a cualquier nivel debe tener un objetivo específico, el cual es el progreso integral (no solo personal, sino también familiar al mejorar el nivel de vida de los seres queridos, social al generar trabajo, motivar la inversión, multiplicar el efecto financiero y económico en la comunidad, elevar el nivel de vida o el progreso general de un grupo) cuando se actúa hacia una meta con dicho objetivo, el SRA está cambiando de una actitud negativa (avaricia) a una positiva (bienestar general por intermedio del progreso económico colectivo) y el SRA actúa como un magneto hacia las herramientas de progreso que conllevan a lograr la meta fijada.

La etapa de **definición de metas menores**, o logros, es la etapa más importante que garantiza el proceso de continuidad hacia el desarrollo y realización de una meta mayor. El gran error que normalmente se comete, es el de definir metas poderosas, gigantescas y retadoras. Eso está perfectamente bien, siempre y cuando sean alcanzables dentro de la medida de nuestras posibilidades y en un rango de tiempo considerablemente lógico. Para ayudar a determinar el alcance de las metas, es preciso determinarlas de manera que sean lógicamente factibles y que se puedan subdividir en logros intermedios fácilmente alcanzables. Todos los seres humanos exitosos han debido pasar por el proceso de metas a corto plazo y metas a largo plazo, ninguno ha logrado el éxito de un día para el otro, y de manera fácil y repentina. La misma naturaleza nos enseña el camino a seguir: primero gateamos antes de caminar, primero caminamos antes de correr, primero corremos antes de saltar. Igualmente, primero balbuceamos antes de hablar, primero hablamos antes de leer y escribir, primero leemos y escribimos antes de expesar ideas complejas, primero expresamos ideas complejas antes de ser grandes oradores. Primero somos hijos antes de ser amantes, primero somos amantes antes de ser padres, primero somos padres antes de ser abuelos.

Si nos detenemos a observar, todos los aspectos de la vida se encuentran regidos por la ley de la evolución y el progreso, y por ello, no hay razón para que nuestras metas sean ajenas a dichas leyes naturales. Es obligación para cada meta mayor que tenga logros intermedios, ésto no solamente hace el camino al objetivo más fácil, sino menos frustrante, más placentero y lleno de motivación por logros alcanzados que cada vez nos hacen ver, sentir y estar más cerca de la meta establecida, no simplemente por pensamientos, ideas o comentarios aislados o de terceros.

La etapa **creativa de visualización** es el inicio práctico y aplicativo de la teoría expuesta de reprogramación neuroplástica. Es aquí cuando los niveles de consciencia se interelacionan para determinar la intensidad con la que se van a insertar las metas en el sistema nervioso y obtener del SRA todos los beneficios que se desean en términos de lograr hacer realidad los objetivos por medio de la ACCIÓN y el TRABAJO con la ayuda del método de REPROGRAMACIÓN NEUROPLÁSTICA y el SRA.

Hasta este momento, ya se ha analizado y aceptado la situación actual y posición futura en el mundo y durante la vida, se han definido las metas mayores y logros menores y claramente se ha desechado lo irreal y planeado actuar sobre las metas y objetivos reales, priorizándolos y determinando claramente cómo deberán medirse y realizarse. Así, en un ejemplo general práctico no clínico, se puede aplicar el proceso de la siguiente manera:

"Dentro de los próximos 12 meses termino de constituir mi negocio de fabricación de muebles de madera, incluyendo adquisición de capital de cien mil dólares, compra de equipos, herramientas, materias primas, local comercial, creación de mecanismos de mercadeo y distribución, generando empleo a diez personas, con ventas mensuales en un rango de los veinte mil dolares de los cuales el 20% son utilidades netas, se reinvierte el 10% en la compañía para su crecimiento, se cancela la deuda de capital en dos años y aporto a obras sociales el 1% de las utilidades netas después de impuestos"

Submetas:

1. Terminar dentro de 2 meses los cursos de manejo de negocios ofrecidos gratuitamente por el gobierno.
2. Completar antes de un mes el plan de negocios de la empresa.
3. Presentar en el transcurso de tres meses el plan de negocios a inversionistas y banqueros.
4. Lograr crédito o inversión de cien mil dólares antes de 6 meses.
5. Buscar y adquirir local comercial antes de 7 meses.
6. Buscar y adquirir herramientas, equipos, materias primas y personal antes de 8 meses.
7. Realizar plan de mercadeo y distribución antes de 10 meses.

8. Abrir local comercial en el transcurso de 12 meses.

Como se observa, al realizar todo el trabajo neuroplástico el cerebro y el SRA entran en piloto automático viviendo, pensando, activando, respirando intensamente todo lo relacionado a la meta mayor y los logros intermedios y menores establecidos. El paso siguiente es simplemente visualizar cada paso con imágenes vivas, coloridas, en las que se encuentre la imagen de la persona presente y asociando dichas imágenes e interacción con emociones intensas. Es de vital importancia sentir la felicidad, el reto, la confianza, el agradecimiento, el trabajo, la adquicisión, ver los objetos, el dinero, los trabajadores, los procesos desarrollados en la meta, la interacción con los allegados, amigos, familiares, socios, banqueros, clientes, disfrutar de los beneficios como si ya estuviesen en su poder y cuando se sienta todo tan intensamente como si ya existiera y estuviese en su poder, es el indicador de que la visualización se encuentra preparada para ser insertada en el subconsciente. Uno de los ejercicios de visualización básicos que proponemos consiste en realizar las visualizaciones durante un período de tiempo de dos semanas, dos veces al día como mínimo, preferiblemente en los momentos inmediatamente después de despertar y justo antes de dormir. Algunas personas visulaizan mejor con elementos físicos como fotos, otros concentrándose e imaginando. Cada persona debe encontrar su propio mecanismo, lugar y momento, pero no dejar de hacerlo, cada vez perfeccionándolo más y más. Se debe recordar que es imperativo utilizar ambos: imágenes y emociones pues **el subconsciente no acepta palabras**.

Una vez la visualización se halla perfeccionada y el pensamiento lidera a la persona a un sentimiento, es decir que el individuo se emocione intensamente al pensar en la meta, es preciso realizar un proceso de reprogramación similar al explicado en el capítulo anterior del SRA de la siguiente manera:

- Utilizar el mecanismo de cambio de emisión de ondas cerebrales y entrar el cerebro a estado de emisión de ondas Alfa, allí visualizar el objetivo general de manera persistente y contínua, varias veces durante el día, desde el momento en que se decidió hacer el cambio hasta que

se logre el objetivo. El proceso de visualización debe involucrar su imagen, todos los aspectos físicos posbiles, todos los aspectos morales posibles y todos los aspectos emocionales posibles.
- Igualmente realizar el paso anterior con cada meta progresiva a corto plazo que acercará a la meta mayor.
- Ejercitar actividades de vigilacia y acción mental, en la cual se evalúen y corrijan de manera contínua y periódica los siguientes aspectos:
    a. Evaluar los asuntos personales: en especial aspectos o pensamientos negativos-simplistas, restrictivos, retractivos, y obstaculizadores, visualizándolos como eliminados y programándolos en el SRA como elementos inexistentes del pensamiento y conducta. Recordar que el SRA se enfoca ("atrae") en lo que subconcientemente se le programe.
    b. Revisar las metas a largo plazo: verificando contínuamente que se esté siendo persistente y congruente con el objetivo

primordial. Cambiar, eliminar o adicionar metas afines o complementarias como sea necesario.

c. Reforzar o modificar las metas a corto tiempo: determinando específicamente el tiempo requerido para lograrlas. Si en dicho tiempo no se han logrado las metas o se nota que el pensamiento no aclara ideas, abre procesos, encuentra soluciones que ayuden a culminarlas satisfactoriamente, se debe reevaluarlas o seccionarlas en metas aún más accesibles, y realistas, de lo contrario crearán frustración y pensamiento negativo, obteniendo el resultado opuesto al deseado, pues el SRA se estará programando para el fracaso. Refinar, cambiar, o adicionar las metas a corto plazo y de acuerdo a la meta general a largo plazo, basados en las necesidades, tendencias y modificaciones actuales, no en las pasadas. Recordar que tanto

usted, su mundo, su pensamiento, su cerebro y su SRA se encuentran físicamente modificándose a través de un proceso de neuroplasticidad programada de manera subconsciente.
- Una vez lograda una meta, sin importar si es pequeña o grande, comparar la emoción asociada mentalmente a la que está experimentando, tomar nota y duplicarla para metas futuras o cambios en la programación. Igualmente agradecer de manera sincera por el logro realizado, felicitarse por la perseverancia y compartir el éxito, los resultados del éxito y el proceso que lo llevó al éxito con todos los que más pueda, practicando siempre la humildad y la fraternidad.

En este momento el cerebro ya está programado para trabajar subconscientemente de manera neuroplástica, el SRA está activado para desarrollar funciones, recolectar informacion y procesar datos y herramientas afines a la meta reprogramada, lo único que la persona debe hacer ahora es trabajar en estado consciente en un plan para lograr la meta, viviendo, sintiendo, respirando, amando, asociando todas las acciones diarias al proyecto planteado a través de los pensamientos y sentimientos positivos-complejos con las acciones dirigidas a lograr los objetivos propuestos y el cerebro le dirigirá y mostrará el camino para lograrlo en el tiempo especificado y de la manera estimada. Este es el equivalente a la **etapa de asignación de recursos y ejecución del proyecto de vida**.

Igual que en un proceso de administración de un proyecto, es crucial realizar verificación, seguimiento y correción. Si no se observa el plan o el mapa trazado, no es posible verificar si se está en la ruta correcta o no, si se va a tiempo, o si cambiaron las prioridades, objetivos o intereses, si se está gastando o invirtiendo efectivamente o lo suficiente. El ser humano es un ser de cambio constante, de evolución contínua y sus metas no pueden permanecer estáticas, por ello, es necesario vigilarlas y modificarlas o guiarlas de manera contínua, al menos semanalmente. Al realizar el ejercicio de verificación, se logra establecer metas cortas realizables y satisfacer la necesidad de logros y progresos.

Ya se habían archivado las metas, semanalmente, es importante revisar dicho archivo y asegurarse de que no haya cambios, y si los hay, garantizar realizar las modificaciones necesarias y las reprogramaciones respectivas.

La etapa de **ejecución activa** es aquella en la que se reajustan metas y logros, con el fin de modificar o cambiar los objetivos inicialmente establecidos. Cuando se establece una meta de manera realista y consciente, se determina el nivel de cambio progresivo durante el desarrollo del proceso de acción de la misma. Si se detectan cambios radicales en la meta inicialmente establecida, es por que hubo una mala planeación, una meta poco realista, metas intermedias mal definidas o un evento fortuito, el cual no debería alejarnos de los objetivos propuestos inicialmente.

El motivador más importante es el logro a través de la acción enfocada; el éxit, así sea minúsculamente pequeño a corto plazo o insignificante. Se debe recordar lo que hace el SRA al respecto. El SRA se encarga de obviar los elementos a los que no les prestamos atención, interés o importancia, y simultáneamente engrandece los logros más insignificantes relacionados con los intereses programados. Es por ello que las metas intermedias son de radical importancia en el proceso de motivación automática de la Gerencia Neuroplástica, pues al llegar a una meta intermedia y completarla efectivamente, el SRA aumenta el sentimiento ligado a dicho logro, haciéndo sentir a la persona segura, poderosa, confiada, agradecida, felíz de ser capaz, y de estar en el camino a un éxito mayor pues atrajo el éxito intermedio a su voluntad y deseo gracias a su propio esfuerzo.

Es basado en todo lo anterior que se crea una nueva definición personal de suerte, la cual es: "mezcla balanceada de experiencia, conocimiento, oportunidad, acción y probabilidad estadística". Cuando se trabaja voluntariamente al máximo para unir éstos cinco elementos, se crea la verdadera suerte, y no se depende de uno o varios de los elementos aislados. El éxito no es suerte, es trabajo dirigido, aprendizaje sobre las fallas y aciertos, caídas y tropiezos, enfoque en tenacidad y fortaleza, confianza y fé propias, y en todos los elementos y personas que rodean a la persona, es por ello que se debe agradecer intensamente por todos los éxitos logrados. El agradecimiento es la manera en la que energéticamente se fortalece el subconsciente, logrando modificar la moral a un nivel de progreso continuo, eliminando el error, el egoísmo, y sobre todo el imperfeccionismo, negativismo y simplismo naturales de la primaria existencia humana. El agradecimiento entonces convierte a las personas en seres humildes, positivistas y complejos, alineándolas con su estado programado del SRA, y ejecutando actividades neuroplásticas permanentes y contínuas de pensamiento. Por supuesto, después de agradecer, se puede celebrar, pero de manera responsable. No existimos exclusivamente para trabajar, y es importante dar importancia y relevancia a los logros obtenidos. De igual manera no existimos tampoco para los abusos y excesos.

La última etapa es la de **recirculación**, que consiste en realizar el mismo ejercicio con la misma meta principal y otra meta intermedia para lograr estar un paso más cerca al objetivo final, o para originar otra meta primaria que deseemos alcanzar.

Capítulo 9

Nuestro objetivo final

El último Capítulo de este libro está dedicado a la determinación del objetivo primario y final de la existencia de esta obra.

A pesar de lo ya expuesto anteriormente, consideramos que es el capítulo más importante y de mayor relevancia del libro, pues no tiene sentido realizar una acción si no sabemos las razones que nos llevan a efectuarla.

La base de esta obra son los diferentes adelantos científicos relacionados con el estudio y funcionamiento del cerebro, el sistema nervioso central y los estados de consciencia, aplicados en forma racional, profesional, dirigidas y redefinidas a través de técnicas provenientes de diferentes áreas del desarrollo humano como son la neurociencia, la psicoterapia, la modulación del pensamiento y la modificación del comportamiento, la gerencia estratégica, la psicología transpersonal, la neuroplasticidad, la neurogénesis, la gerencia de proyectos personales y en especial nuestra propia teoría que hemos denominado la **teoría del egoísmo social**.

Hemos desarrollado la **teoría del egosimo social** basados en múltiples experiencias realizadas como asesores, consultores, profesionales dirigiendo personas, grupos o empresas para lograr objetivos individuales y/o grupales bajo diferentes circunstancias, a diferentes niveles sociales, cognoscitivos, económicos y culturales.

La **teroría del egosimo social**, tiene una íntima relación con el objetivo primario y final de este libro. En términos generales debemos comenzar preguntándonos cuál es la razón primaria de nuestra existencia. Millones de personas durante la historia de la humanidad se han hecho esta pregunta. Podemos encontrar igualmente múltiples respuestas, cada una diferente dependiendo de la ubicación geográfica, el estrato social, el nivel educativo, la religión, la educación y el perfíl intelectual, las dificultades o facilidades que se hallan tenido en la vida, la posición social, entre otros muchos agentes externos a las personas. La respuesta a la pregunta de la razón de existir es individual, propia y única para cada quien. Sólo dos aspectos generales se pueden determinar comúnmente a todos los seres humanos en relación a dicha pregunta: Primero, existimos para progresar, pues la mísma naturaleza nos lo muestra con todos los procesos evolutivos que experimentamos en nuestro cuerpo y que presenciamos a nuestro alrededor. Segundo, existimos para ser felices.

El nombre de **egoísmo social** está determinado por dos aspectos: egoísmo y sociedad. La palabra egoísmo puede definirse como preocuparse por uno mismo o los intereses personales antes de los de los demás. Egoísmo es el opuesto de altruísmo, y como veremos a continuación, egoísmo colleva al altruísmo.

Nuestras obligaciones primarias son para con nosotros mísmos, debemos cuidar de nuestra salud, debemos amarnos, debemos trabajar por nuestros objetivos, debemos educarnos, debemos protejernos, debemos progresar, debemos ser honestos con nosotros mísmos, debemos actuar por nuestras propias convicciones, debemos vivir nuestra vida, cultivar nuestras ideas, culturizarnos, debemos luchar por lo que queremos. Al final, todo lo que hagamos marcará nuestra vida, nos hará seres únicos y especiales y, de alguna manera, egoístas. Al realizar estas tareas individualistas y egoístas, estamos marcando y reprogramando constantemente nuestro SRA, lo estamos reafirmando de manera contínua y teniendo en cuenta que las actividades descritas tienen una connotación positiva, estamos desarrollando aspectos de progreso que eliminan nuestra imperfección natural con la que nacemos, pues somos un cuerpo y una mente en vía al desarrollo, del cual somos 100% responsables. Ese progreso contínuo al preocuparnos por nuestra realidad individual nos hace revertir la polaridad de nuestros pensamientos y acciones de imperfectas negativas a positivas progresivas.

Como ya sabemos, cuando el SRA se ha programado de alguna manera (negativo o positivo) nos hace que seamos atraídos (y no al contrario) hacia todos los aspectos, pensamientos, movimientos, personas, situaciones, herramientas, hechos, conocimiento, negocios, sociedades, y más elementos que sean afines, los cuales interactúan entre sí y con nosotros multiplicando el efecto positivo o negativo entre todos los elementos, situaciones y personas que nos rodean; e influenciándolos de la misma manera que nuestro SRA está programado. Entonces, si estamos programados positivamente, influenciamos nuestro entorno (sociedad) positivamente y viceversa.

Al final, nuestra razón de ser es el progreso individual, que aunque parezca egoísta, es la razón por la que somos únicos. Incluso los gemelos o los siameses tienen su individualidad en estilo de vida y/o en pensamiento. La sumatoria de dicha individualidad, colectivamente hablando, conforma todas las instituciones sociales desde la familia hasta las naciones y la raza humana. Así, cada uno de nosotros es responsable por el resultado de nuestras propias vidas, y simultáneamente por el resultado de nuestra sociedad. Este es el concepto bajo la definición del **egoísmo social**, en el cual la razón primaria es nuestra evolución integral y la final, el progreso social, con el único objetivo de sentirnos realizados, prósperos y felices mientras vivimos e interactuamos socialmente. Los mismos objetivos primarios y finales que este libro desea reprogramar en sus lectores.

Gracias a todos quienes intervienen día a día a aplicar, divulgar y mejorar el trabajo aquí presente. Gracias a Usted, amigo lector que atendió a nuestra teoría y que probablemente llevará a la práctica para su bienestar y progreso personal, pero en especial gracias a aquella fuerza extrahumana que cada hombre llama de forma diferente pero que al final nos llena de igual manera, nosotros la llamamos Dios.

Ahora a celebrar el nuevo paso logrado y a reprogramar el siguiente!

Apéndice

Lo que sigue en la práctica

A pesar de que nuestra labor primaria con el proyecto de Gerencia Neuroplástica inició bajo la investigación y tratamiento de pacientes con dolor crónico, ayudándoles a realizar un manejo efectivo en la disminución del dolor a través de entrenamiento neuroplástico consciente y subconsciente, la idea principal de este proyecto ha sido la de unir todo el conocimiento mostrado en este libro, enfocándolo en un concepto llamado Gerencia Nueroplástica y Reprogramación Neuroplástica, en la que extrapolamos toda nuestra investigación y experiencia para enseñar a las personas o instituciones a aplicar todos los conceptos de manera fácil y eficiente para elevar la productividad en cualquier actividad de sus vidas, en especial para desempeñarse de manera óptima en el campo laboral, profesional, deportivo, cultural económico, o personal; trabajando a niveles consciente y subconsciente, con el uso de técnicas de modelación neuro-somática.

La base de todo el proceso es el presente libro inicial de reporgramacion neuroplástica, otros trabajos relacionados expuestos en una serie de libros adicionales y enfocados a aplicaciones detalladas para los siguientes temas se relacionan así:

1. Manejo del dolor crónico: Entrenando al cerebro a cambiar su reacción a estímulos
2. Motor Interior Subconsciente: Reprogramación para terminar exitosamente todo lo que se empieza.
3. Más alla de la línea de meta: Neuroplasticidad para superar el síndrome del aplazamiento contínuo.
4. Estrategias para eficiencia personal: Aventura o Planeación.
5. Visualización emocional integral: Reprogramación para el éxito.
6. El poder de enfocar: Automatizar el proceso de concentración y enfoque para alcanzar los niveles máximos de productividad.
7. Egoísmo Social: Reinventando la sociedad a partir de la individualidad.
8. Estimulación intrauterina: Neuroplasticidad para ayudar en el

desarrollo cerebral de los hijos desde antes de nacer.
9. Educación Neuroplástica: el nuevo modelo educativo
10. Energía y Gerencia Neuroplástica: psychoneuroimmunology

Adicional a los libros, Neuroplastic Management ®©™, y Gerencia Neuroplástica ®©™ desarrolla talleres, seminarios y conferencias teórico-prácticos involucrando personal certificado y profesional para individuos o grupos con el enfoque personalizado o el presentado en nuestros trabajos. Si se encuentra interesado en desarrollar una actividad con nosotros no dude en contactarnos.

www.gerencianeuroplastica.com

www.neuroplasticmanagement.com

Sobre Los Autores

Joely Tangarife – CCHT, CTHT, MS, BWS, NMCT. Estudios Avanzados en U.S.A. en el área de Psicoterapia, Hipnoterapia, Hipnoterapia Clínica, Hipnoterapia Transpersonal, Programación Neuro-Linguísitica. Estudios Avanzados en Inglaterra en el área de modificación del comportamiento humano a nivel consciente y subconsciente – Máster en Brain Works ©

Certificada por el American Council of Hypnotherapist Examiners y por el International Medical and Dentist Hypnoteraphy Association.

Desarrolla su práctica privada en psicoterapia clínica y transpersonal con enfoque en procesos de modificación de comportamientos, reprogramación neuroplástica para la salud y el desarrollo personal de alto desempeño a nivel individual, grupal o corporativo y manejo de dolor en pacientes con síntomas crónicos. Consultora en Gerencia Neuroplástica ®©™.

Carlos Aricapa – MBA, MS, NMCT. Estudios avanzados en diferentes instituciones educativas de Estados Unidos y América Latina en las áreas de Ingeniería, Administración de Negocios, Gerencia, Planeación Estratégica, Leyes, Neurociencia, Neurociencia Aplicada a Procesos Educativos, Productivos y Adminsitrativos y Neuroeconomía. Investigador en neuroplasticidad y la relación que influye la energía y el electromagnetismo en el ser humano.

Posee más de 20 años de experiencia como consultor corporativo para multinacionales, asesor de reestructuramiento empresarial y financiero, gerencia de empresas y proyectos, asesor en creación de negocios y optimización de resultados empresariales y desarrollo de estrategias para alta productividad.

Dicta seminarios y realiza capacitaciones sobre desarrollo integral profesional y optimización extrema del recurso humano. Consultor en Gerencia Neuroplástica ®©™.

Bibliografía y Referencias

Gracias a todos los científicos y autores aquí mencionados que han colaborado con el desarrollo de la neurociencia y las teorías de la neuroplasticidad. Sus obras se citan a continuación y han sido utilizadas como referencia o consulta para el contenido de esta obra.

Abumaaria, N, et al, Effects of Elevation of Brain Magnesium on Fear Conditioning, Fear Extinction, and Synaptic Plasticity in Infralimbic Prefrontal Cortex and Lateral Amygdala, Journal of Neuroscience, October19, 2011, 31(42) 14871-14881.
Adler, MG, Fagley, NS, Appreciation: Individual Differences in Finding Value and Meaning as a Unique Predictor of Subjective Well-Being, Journal of Personal and Social Psychology, Feb;73(1):79-114.
Aguzzi, A, Barres, BA, Bennett, ML, Microglia: Scapegoat, Saboteur, or Something Else? Science, January, 2013; 339(6116): 156-161.
Andari, E, et al, Promoting Social Behavior with Oxytocin in High-functioning
Austin, J. 2009. Selfless Insight. MIT Press.Autism Spectrum Disorders, PNAS, Mar 2 2010;107(9):4389-4394.
Asadulla, K, et al, Interleukin-10 Therapy—Review of a New Approach, Pharmacological Reviews 55:241–269, 2003, 241-269.
Atmanspacher, H. & Graben, P. 2007. Contextual emergence of mental states from neurodynamics. Chaos & Complexity Letters, 2:151-168.
Auld DS, Robitaille R, Glial Cells and Neurotransmission: An Inclusive View ofSynaptic Function. Neuron 2003 Oct 9; 40(2):389-400.
Baggott, Andy. The Encyclopedia of Energy Healing. Sterling Publishing Company, Inc., New York, New York, 1999.
Baliki, MN, Baria, A, Apkarian, V, The Cortical Rhythms of Chronic Back Pain,Journal of Neuroscience. Sep 28, 2011;31(39):13981-13990.
Baliki MN, Geha PY, Apkarian AV, Parsing Pain Perception Between Nociceptive Representation and Magnitude Estimation, J Neurophysiol. 2009 Feb; 101(2):875-87.
Baumeister, R., Bratlavsky, E., Finkenauer, C. & Vohs, K. 2001. Bad is stronger than good. Review of General Psychology, 5:323-370.
Begley. S. 2007. Train Your Mind, Change Your Brain. Ballantine.
Belluk, Pam, To Tug Hearts, Music Must First Tickle Our Neurons, New York Times, April 19, 2011.
Berridge KC, Pleasures of the Brain, Brain and Cognition, 52 (2002) 106-128.

Berridge, KC Comparing the Emotional Brain of Humans and Other Animals, in Handbook of Affective Sciences, ed Davidson, R, et al, 2003, Oxford University, 25-51.

Berridge KC and Kringelbach, ML, Affective Neuroscience of Pleasure: Reward in Humans and Animals, Psychopharmacology (2008) 199:457–480.

Berridge KC, et al, The Tempted Brain Eats: Pleasure and Desire Circuits in Obesity and Eating Disorders, BRAIN RESEARCH 1350 (2010) 43–64.

Berridge, KC and Kringelbach, ML, Building a Neuroscience of Pleasure and Wellbeing, Psychology of Well-Being: Theory, Research and Practice, 2011,1:3, 1-26.

Bhat, R, et al, Inhibitory Role for GABA in Autoimmune Inflammation, PNAS,February 9, 2010, Volume 107, No 6, 2580- 2585.

Blackburn-Munro, G and Blackburn-Munro, RE, Chronic Pain, Chronic Stress and Depression: Coincidence or Consequence? Journal Of Neuroendocrinology, 2001, Volume 13, 1009-1023.

Blakesley S and Blakesley M, The Body has a Mind of It's Own: How Body Maps in Your Brain Help You Do (Almost) Everything Better, Random House, 2008

Bliss T, Collingridge G, Morris R, Synaptic Plasticity in the Hippocampus, in The Hippocampus Book, ed Andersen P, et al, 2007 Oxford University, 343-474.

Bliss T, Collingridge G, A Synaptic Model of Memory: Long-term Potentiation in the Hippocampus, Nature, Vol 361, 1993 31-39.

Braver, T. & Cohen, J. 2000. On the control of control: The role of dopamine in regulating prefrontal function and working memory; in Control of Cognitive Processes: Attention and Performance XVIII. Monsel, S. & Driver, J. (eds.). MIT Press.

Bredy, TW, et al, Histone Modification Around Individual BDNF Gene Promoters inPrefrontal Cortex Are Associated with Extinction of Conditioned Fear, Learning & Memory, 2007, 14:267-276.

Brown, LF, et al, Fibroblast Migration in Fibrin Gel Matrices, American Journal of Pathology, Volume 142, Number 1, January, 1991, 273-283.

Buckner, RL, Andrews-Hanna, JR, Schacter, DL, The Brain's Default Network: Anatomy, Function, and Relevance to Disease, Annals of the New York Academy of Science, March, 2008; 1124, 1-38 Carter, C. 2010. Raising Happiness. Ballantine.

Carter, O.L., Callistemon, C., Ungerer, Y., Liu, G.B., & Pettigrew, J.D. 2005. Meditation skills of Buddhist monks yield clues to brain's regulation of attention. Current Biology, 15:412-413.

Cowen, WM and Kandal ER, "A Brief History of Synapses and SynapticTransmission," in Synapses, ed Cowen, et al, 2001, Johns HopkinsUniversity Press.

Cozolino, L, The Neuroscience of Human Relationships: Attachment and the Developing Brain, 2006 WW Norton & Company, New York.

Crane, JD, et al, Massage Therapy Attenuates Inflammatory Signaling After Exercise-induced Muscle Damage, www.sciencetranslationalmedicine.org, February 2012, Volume 4, Issue 119, 8 p.

Danese, A, et al, Adverse Childhood Experiences and Adult Risk Factors for Age- Related Disease, Archives of Pediatric and Adolescent Medicine, 2009; 163 (12): 1135-1143.

Davies, SJ, et al A Novel Treatmentof Postherpetic Neuralgia Using PeppermintOil, The Clinical Journal of Pain, May/June2002, Volume 18(3), 200-202.

Davis, KD, et al, Human Anterior Cingulate Cortex Neurons Encode Cognitive and Emotional Demands, The Journal of Neuroscience, September 14, 2005, 25(37):8402-8406; doi:10.1523/JNEUROSCI.2315-05.2005.

Davidson, R.J. 2004. Well-being and affective style: neural substrates and biobehavioural correlates. Philosophical Transactions of the Royal Society, 359:1395-1411.

DiLeone, RJ, Neuroscience Gets Nutrition, Nature Neuroscience, Volume 14, Number 3, March, 2011, 271-272.

Di Marzo, V, Anandamide serves two masters in the brain, Nature Neuroscience volume 13, number 12, December 2010, 1446-1448.

Di Marzo, V, Endocannabinoid signaling in the brain: biosynthetic mechanisms in the limelight, Nature Neuroscience, Volume 14, No. 1, January, 2011, 9-15.

Doidge, N, The Brain That Changes Itself, Penguin Group, 2007.

Dudek, SM and Bear, MF, Homosynaptic Long-term Depression in Area CA1 of Hippocampus and Effects of N-methyl-D-aspartate Receptor Blockade, Proceedings of the National Academy of Sciences, May 1992, Volume 89, 4363-4367.

Durston S, et al Anatomical MRI of the developing human brain: what have we learned? J. Am. Acad. Child Adolesc. Psychiatry 40: 1012-1020.

Efrati, S, et al, Hyperbaric Oxygen Induces Late Neuroplasticity in Post Stroke Patients-Radomized, Prospective Trial, PLoS One, 2013;8(1):e53716.

Esposito, G, et al, Cannabidiol Reduces Aβ-induced Neuroinflammation and Promotes Hippocampal Neurogenesis Through PPARγ Involvement, PLoS One, December, 2011, Volume 6, Issue 12, e28668.

Farb, N.A.S., Segal, Z.V., Mayberg, H., Bean, J., McKeon, D., Fatima, Z., and Anderson, A.K. 2007. Attending to the present: Mindfulness meditation reveals distinct neural modes of self-reflection. SCAN, 2, 313-322.

Feldenkrais, Moshe. The Master Moves. Meta Publications, Meta, CA, 1984.

Felitti, D, Relationship of Childhood Abuse and Household Dysfunction to Many of the Leading Causes of Death in Adults, American Journal of Preventive Medicine, 1998, 14 (4) p 245 to 258.

Findley, TW, Schleip,R, eds.Fascia Research: Basic Science and Implications for Conventional and Complementary Health Care. Urban and Fischer, Munchen, 1997.

Fiz, J, et al, Cannabis Use in Patients with Fibromyalgia: Effects on Symptoms Relief and Health-related Quality of Life, PLoS One, April, 2011, Volume 6, Sissue 4 e18440.

Frenkel, D, et al, Nasal Vaccination with Myelin Oligodendrocyte Glycoprotein Reduces Stroke Size by Inducing IL-10-Producing CD4 T Cells, J Immunol 2003;171;6549-6555.

Gallese V, Intentional Attunement. The Mirror Neuron system and its role in interpersonal relations, http://www.interdisciplines.org/mirror/papers/

Gallese V, et al, "A Unifying View of the Basis of Social Cognition, www.sciencedirect.com, 2004

Ge S, et al, A Critical Period for Enhanced Synaptic Plasticity in Newly Generated Neurons of the Adult Brain, Neuron, 54, May 23, 2007, 559-556

Geha PY, et al, The brain in chronic CRPS pain: Abnormal gray-white matter interactions in emotional and autonomic regions, Neuron 60, 570-581, 11/26/2008.

Geppetti, P, et al, Antidromic Vasodilation and the Migraine Mechanism, Journal of Headahce Pain (2012), 13:103-111.

Gillihan, S.J. & Farah, M.J. 2005. Is self special? A critical review of evidence from experimental psychology and cognitive neuroscience. Psychological Bulletin, 131:76-97.

Glykys, J and Mody, I, Activation of GABAA Receptors: Views from Outside the Synaptic Cleft, ScienceDirect Neuron, Volume 56, Issue 5, 6 December 2007, 763-770.

Goel V, Dolan RJ, The functional anatomy of humor: segregating cognitive and affective components, Nat Neurosci. 2001 Mar;4(3):237-8.

Goerg, KJ and Spilker, TH, Effect of Peppermint oil and Caraway Oil on Gastrointestinal Motility i Healthy Volunteers: A Pharmacodyamic Study using Simultaneous Determinatjon of Gastric and Gallbladder Emptying and Orocaecal Transit Time, Alimentary Pharmacology & Therapeutics , February, 2003, 17(3)445-451.

Gogtay N, et al, Dynamic mapping of human cortical development during childhood through early adulthood, PNAS, May 25, 2004 vol. 101 no.21, 8174–8179.

Gould E, Structural Plasticity, in The Hippocampus Book, ed Andersen P, et al, 2007, Oxford University Press, 321-341.

Gray, MA, et al, Modulation of emotional appraisal by false physiological feedback during fMRI, PLoS One, June 2007 | Issue 6 | e546.

Haber, SN, Knutson, B, The Reward Circuit: Linking Primate Anatomy and Human Imaging, Neuropsychopharmacology Reviews, (2010) 35, 4-26.

Hagmann, P., Cammoun, L., Gigandet, X., Meuli, R., Honey, C.J., Wedeen, V.J., & Sporns, O. 2008. Mapping the structural core of human cerebral cortex. PLoS Biology, 6:1479-1493.

Hanson, R. (with R. Mendius). 2009. Buddha's Brain: The Practical Neuroscience of Happiness, Love, and Wisdom. New Harbinger.

Hanson, R. 2008. Seven facts about the brain that incline the mind to joy. In Measuring the immeasurable: The scientific case for spirituality. Sounds True

Hao, S, et al, Low Dose Anandamide Affects Food Intake, Cognitive Function, Neurotransmitter and Corticosterone Levels in Diet-Restricted Mice, European Journal of Pharmacology, Volume 392, Issue 3, March 31, 2000 147-156.

Haber, SN, Knutson, B, The Reward Circuit: Linking Primate Anatomy and Human Imaging, Neuropharmacology, Neuropharmacology Reviews, (2010)35, 4-26.

Heckler, RS. The Anatomy of Change: A Way to Move through Life's Transitions. North Atlantic Books, Berkeley, CA, 1993.

Heine, L, et al, Resting State Networks and Consciousness: Alterations of Multiple Resting State Nework Connectivity in Physiological, Pharmacological and Pathological Consciousness States, Frontiers of Psychology, August 27, 2012, Volume 3, Article 295, www.frontiersin.org.

Heon-Jin, L, et al, Oxytocin: The Great Facilitator of Life, NIH Public Acesss Manuscript, Prog Neurobiol, 2009, June; 88(2): 127-151.

Herry, C, et al, Neuronal Circuits of Fear Extinction, European Journal of Neuroscience, Vol. 31, pp. 599–612, 2010.

Howard, MA, et al, Beyond Patient Reported Pain: Perfusion Magnetic Resonance Imaging Demonstrates Reproducible Cerebral Representation of Ongoing Post-surgical Pain, PLoS, February, 2011, Volume 6, Issue 2, e7096, 10 pp.

Iacoboni M, et al, Grasping the Intentions of Others with One's Own Mirror Neuron System, PLOS online, http://biology.plosjournals.org/perlserv/?request=get-documents&doi=10.371/journal.pbio.0030079&ct=1, 2005

Jain N, et al, Growth of new brainstem connections in adult monkeys with massive sensory loss, PNAS, May 9, 2000, vol. 97, no. 10, 5546-5550.

Jessen, KR, et al, GABA May be a Neurotransmitter in the Vertebrate Peripheral Nervous System, Nature, September 6, 1979; 281, 71-74.

Johnson, S. 2005. Mind Wide Open. Scribner.

Kathuria, S, et al, Modulation of Anxiety Through Blockade of Anandamide Hydrolysis, Nature Medicine, Volume 9, Number 1, January 2003, 76-81.

Kelly, JM, et al, Does gamma-aminobutyric acid (GABA) influence the development of chronic inflammation in rheumatoid arthritis? Journal of Neuroinflammation 2008, 5: 1-6.

Keltner, D. 2009. Born to Be Good. Norton.

Koranda, JL, Masino, SA, Blaise, JH, Biderectional Synaptic Plasticity in the Dentate Gyrus of the Awake Freely Behaving Mouse, Journal of Neuroscience Methods, 2008, January 30; 167(2), 160-166.

Kornelsen, J, et al, Default Mode Network Functional Connetivity Altered in Failed Back Surgery Syndrome, The Journalof Pain, Volume 14, No 5, May, 2013, 483-491.

Kornfield, J. 2009. The Wise Heart. Bantam.

Kosfeld, M, et al, Oxytocin Increases Trust in Humans, Nature, Vol 435/June 2, 2005 673-676.

Kovac, L, The Biology of Happiness: Chasing Pleasure and Human Destiny, Published online: March 13, 2012.

Kringelbach ML and Berridge KC, ed, Pleasures of the Brain, Oxford University Press, 2010
Kringelbach ML and Berridge KC, Towards a functional neuroanatomy of pleasure and happiness, Towards a functional neuroanatomy of pleasure and happiness, Trends in Cognitive Sciences Vol.13 No.11, 479-483.
Lang, EW, et al, Brain Connectivity Analysis: A Short Survey, Computational Intelligence and Neuroscience,Volume 2012, Article ID 412512, 21 pages.
Lazar, S., Kerr, C., Wasserman, R., Gray, J., Greve, D., Treadway, M., McGarvey, M., Quinn, B., Dusek, J., Benson, H., Rauch, S., Moore, C., & Fischl, B. 2005. Meditation experience is associated with increased cortical thickness. Neuroreport, 16:1893-1897.
LeDoux, J. 2003. Synaptic Self. Penguin.
Lewis, M.D. & Todd, R.M. 2007. The self-regulating brain: Cortical-subcortical feedback and the development of intelligent action. Cognitive Development, 22:406-430.
Lieberman, M.D. & Eisenberger, N.I. 2009. Pains and pleasures of social life. Science, 323:890-891.
Limb CJ, Braun AR, Neural Substrates of Spontaneous Musical Performance: An fMRI Study of Jazz Improvisation, PloS, February. 2008, Vol 3 1-9.
LeDoux, J, Synaptic Self: How our Brains Become Who We Are, Penguin Books, Ltd, 2002.
Lenzi D, et al, Neural Basis of Maternal Communication and Emotional Expression Processing during Infant Preverbal Szzge, Cereb Cortex. 2008 Oct 10.
Levitin, DJ, This is Your Brain on Music: The Science of a Human Obsession, Penguin Press, 2006
Linden, D. 2008. The Accidental Mind. Belknap.
Lutz, A., Greischar, L., Rawlings, N., Ricard, M. and Davidson, R. 2004. Longterm meditators self-induce high-amplitude gamma synchrony during mental practice. PNAS, 101:16369-16373.
Lutz, A., Slager, H.A., Dunne, J.D., & Davidson, R. J. 2008. Attention regulation and monitoring in meditation. Trends in Cognitive Sciences, 12:163-169.
Malenka, RC, Synaptic Plasticity in the Hippocampus: LTP and LTD, Cell, Augus 26, 1994, Volume 78, 535-538.
Martin, JH, Neuroanatomy Text and Atlas, McGraw-Hill Companies, Inc, 2003.
Mathew, Sanjay J., et al "Glutamate-Hypothalamic-Pituatary Adrenal Axis Interactions: Implications for Mood and Anxiety Disorders,"CNS Spectrums, 6(7): 555-564, 2001.
Matre, DA, et al, "First Pain" in Humans: Convergent and Specific Forebrain Responses, Molecular Pain, 2010, 6:81 13 pp.
Mika, J, Modulation of Microglia can Attenuate Neuropathic Pain Symptoms and Enhance Morphine Effectiveness, Pharmacological Reports, 2008, 60, 297-307.

Moss M, et al, Modulation of cognitive performance and mood by aromas of peppermint and ylang-ylang, Int J Neurosci. 2008 Jan;118(1):59-77.

Nakamura, H, et al, Hippocampal CA1/Subiculum-prefrontal Cortical Pathways Induce Plastic Changes of Nociceptive Responses in Cingulate and Prelimbic Areas, Neuroscience, 2010, 11:100, 9 pp.

Napadow, V, et al, Brain Correlates of Phasic Autonomic Response to Acupuncture Stimulation: An Event-related fMRI Study, Human Brain Mapping, April 14, 2012; 34(10), 2592-2606.

Parkitny, L, et al, Inflamation in the Complex Regional Pain Syndrome: A Systematic Review and Meta-anaysis, Neurology, 2013;80;106-117.

Paul, G, et al, The Adult Human Brain Harbors Multipotent Perivascular Mesenchymal Stem Cells, PLoS One, April 2012, Volume 7, Issue 4, 11 pp.

Pecina S, Smith KC, and Berridge, KC, Hedonic Hot Spots in the Brain, THE NEUROSCIENTIS, Volume 12, Number 6, 2006, 500-511.

Ramachandran VS, Mirror Neurons and the Brain in the Vat, Edge, the Third Culture, 2006.

Rosenkranz JA, Johnston D. State-dependent Modulation of Amygdala inputs by Dopamine-induced Enhancement of Sodium Currents in Layer V Entorhinal Cortex. Journal of Neuroscience, Jun 27;27(26) 2007 7054-69.

Rozin, P. & Royzman, E.B. 2001. Negativity bias, negativity dominance, and contagion. Personality and Social Psychology Review, 5:296-320.

Sapir, CB, et al in Kandel,ER et al ed, Principles of Neuroscience, Fourth Edition, McGraw Hill, 2000, 349-380

Sandrone, S, The Brain as a Crystal Ball: The Predictive Potential of Default Mode Network, Frontiers in Human Neuroscience, September, 2012; Voume 6, Article 261, http://www.frontiersin.org.

Sapolsky, R. 2004. Why Zebras Don't Get Ulcers. Holt.

Schaefer, M, Heinze, H, and Rotte M, Task-relevant modulation of primary somatosensory cortex suggests a prefrontal–cortical sensory gating system, NeuroImage 27 (2005) 130 – 135.

Schultz RL, Feitis R, The Endless Web: Fascial Anatomy and Physical Reality North Atlantic Books, 1996.

Sild, M and Ruthaser, ES, Radial Glia: Progenitor, Pathway, and Partner, The Neuroscientist, 17(3) 288–302.

Siegel, D. 2007. The Mindful Brain. Norton.

Sliz, D, et al, Neural Correlates of a Single-session Message Treatment, Brain Imaging and Behavior, 2012; 6, 77-87.

Stettler DD, et al. Axons and Synaptic Boutons Are Highly Dynamic in Adult Visual Cortex Neuron 49, 877–887, March 16, 2006

Takahashi, H., Kato, M., Matsuura, M., Mobbs, D., Suhara, T., & Okubo, Y. 2009. When your gain is my pain and your pain is my gain: Neural correlates of envy and schadenfreude. Science, 323:937-939.

Tang, Y.-Y., Ma, Y., Wang, J., Fan, Y., Feng, S., Lu, Q., Yu, Q., Sui, D., Rothbart, M.K., Fan, M., & Posner, M. 2007. Short-term meditation training improves attention and self-regulation. PNAS, 104:17152-17156.

Tokita, S, Tkahashi, K, Kotani, H, Recent Advances in Molecular Pharmacology of the Histamine Systems: Physiology and Pharmacology of Histamine H3 Receptor: Roles in Feeding Regulation and Therapeutic Potential for Metabolic Disorders, Journal of Pharmacological Sciences, 2006, 101, 12-18.

Toyoda, H, et al, Interplay of Amygdala and Cingulate Plasticity in Emotional Fear, Neural Plasticity, Volume 2011, Article ID 813749, 9 pages.

Toronchuk, JA and Ellis, GFR, Disgust: Sensory Affect or Primary Emotional System, Cognition & Emotion, 2007.

Thompson, E. 2007. Mind in Life. Belknap

Weintraub, MI, Mamtani,R,Micozzi,MS. Complementary and Integrative Medicine in Pain Management. Springer Publishing Co., New York, 2008.

Thompson, E. & Varela F.J. 2001. Radical embodiment: Neural dynamics and consciousness. Trends in Cognitive Sciences, 5:418-425.

Walsh, R. & Shapiro, S. L. 2006. The meeting of meditative disciplines and Western psychology: A mutually enriching dialogue. American Psychologist, 61:227-239.

Woolf CJ, Turbocharging neurons for growth: accelerating regeneration in the adult CNS, Nat Neurosci. 2001 Jan;4(1):7-9.

Younger, J, et al, Viewing Pictures of a Romantic Partner Reduces Experimental Pain: Involvement of Neural Reward, PLoS One, October, 2010, Volume 5, Issue 10, 7 p.

Zhang, TC, Janik,JJ, Grill,WM, Modeling the Effects of Spinal Cord Stimiuation on Wide Dynamic Range Dorsal Neurons: Influence of Stimulation Frequency.

www.ingramcontent.com/pod-product-compliance
Lightning Source LLC
Chambersburg PA
CBHW071625170426
43195CB00038B/2130